行者传奇

XING ZHE CHUAN QI

額⊠冒⊠柬梔

埧浮冒⊠柬甎

汏栴冒⊠柬⊠

⊠⊠⊠汏潺顛扚艇⊠

长弓 作品

Title: XING ZHE CHUAN QI
ISBN 978-1-957144-80-1
飥俿: 汰栫骿⊠
檩栫: 现⊠

⊠驥杈炃⊠现⊠
骈⊠溇満⊠现⊠
怛嚝溇満⊠现⊠

⊠飥憦栀⊠ Asian Culture Press LLC 亡怛
凈⊠⊠1942 Broadway, Suite 314C,Boulder, CO
80302, United States
⊠故⊠info@asianculture.press

Printed and bound in the United States of America

怛⊠颬⊠栫⊠媯褫柢侚⊠擨┼

⊠⊠⊠51.5 佾⊠
怛⊠⊠2023 嗷 5 ⊠擟頣怛
飥傚⊠978-1-957144-80-1
Email⊠xingzhechuanqi@outlook.com
禞⊠嬘鬣凄玡湨慿⊠顂媯俎柉均扚現畚⊠栫嘌湓褫溲 Email 梓⊠栫┼If you have any reference questions or suggestions in your reading experience ,please email the author .⊠

抠 ⊠

汰 柿 敓 1

☒ ☒ 敓 297

⊠ 拒 斂 359

行者篇

汏 栋

額☒☒颳☒

頛姻俘惧鬣扚懷☒

☒炴扚淨娗嬀鬣熾捀扚☒☒

☒☒鬣丛婄扚☒☒

凄☒现扚俘熇麒侊侄

☒嬀☒

鬣桩頋汏门

☒頋餈唠☒扚团☒

潒炫餈佾咽顴☒

潺炫餈☒勴摑塱

瘢澟炫刯嘈扚暺侄

鵜☒炫飀☒扚☒璾

垲俳佾咽顴☒扚嵑庳勠浩

凄☒勴摑塱麒五梼飁☒

烆☒刯嘈暺侄扚弗☒煶枋

凄飀☒☒璾麒垔彼☒☒

☒☒炲凄炴娗

鬣炲凄澾頋

唠☒扚戚麒

額☒嬀餈汏栋扚澟☒

併拗☒炴扚熾捀☒☒

嫱☒☒侄

涬朕虈扚畽姨
瑕畽妞☒扚当☒
硙☒澾頟攧☒☒
☒娼☒扚☒☒
駻崮拱皾熕嫎
☒啊☒佾噋

橃娾硙婍嫎
☒拗☒咪偈☒☒
汏潺凄硙☒澾頟
☒倂囚锫飏卜
頣澾畽☒☒☒
哦皺凄挓☒☒☒
☒盉凄栈☒偄☒
坠埄扚圅激
瑮晐拗堣浮
墶☒皺☒杒瀛
墶☒☒瀛☒盉
炘匑凄硙☒澾頟

俨媯汩☒扚嫱☒☒侄
壺嚾淨悁扚☒☒
☒☒☒☒扚噜卜
☒啊皾潺嫎
淨悁皾炫囚

頭頷☒☒☒颮
沭訾偈彌☒☒
☒顙碰☒颰☒
☒弃飧婚☒☒侄

婚☒☒侄
汰潺顭☒顇扚当☒
朶☒凄碰☒扚漨頙
☒☒☒噜卜
鬣☒☒
肆☒啊顭潺嫎
僑熕娼☒扚☒☒
壶嘴鬣
凄淨悁顭炫囚
☒頭頷
鬣頭怚撫☒

禞顪☒冒☒朿栀
填浮冒☒朿瓻
汰栐冒☒朿☒
☒☒☒汰潺顭扚艇☒
☒☒-现☒☒

☒☒☒☒禞☒鱕颷笁☒

凄☒丟☒口扚☒☒蕢

摒頦栀颵扚嘎塍

☒瑙扚幅堯顭憛燥俘楼

☒畽☒☒顭

潡☒枋☒扚嘎塍

瘲澟匝嵑扚汰潺梕岭

☒頦畽啊扚懦堩

炂嫚扚傒☒顭

娼☒扚☒滓拗

潡☒扚嘎塍朶☒栀颵

凄☒丟頦☒☒

凄☒畽顭潾榜

婭甒杇朠焙☒鱕颷栀

☒☒攈枸焙☒☒颷堪

汰栜☒☒

挓顭珻鐫丟☒

窾頟☒☒☒☒

☒丟頦

☒畽顭

☒鱕颷笁

☒拗汰栜扚☒☒

☒妲頣頟☒啊扚☒☒

岀飂笁

溷扚椤岭⊠炫
⊠亡娼⊠扚⊠�院
墶扚椤頦
⊠澾扚猲⊠柨
笁扚椤頦
娼涒扚呤柏柨
⊠⊠
⊠墶⊠⊠媂
娼嵌鉏獲扚媂丟贄
凄墶椤頦娼⊠扚猲澾
頣⊠潺亡⊠⊠扚澾
娼⊠扚⊠岭⊠
⊠亡⊠栀扚⊠颼

⊠噋⊠媯笁
⊠溸娼⊠扚頟⊠贄
騨晆藪⊠頦頣旈搟呢
頣搟嗄幐懢燥俘楼
娼⊠扚呤柏亡
頟⊠扚栀颫棴楷
⊠⊠
⊠頟⊠
媯澾掮⊠⊠⊠
⊠頟⊠
媯笁掮⊠⊠溸

栀颸極楷扚頟⊠
潺亡⊠⊠扚澾頢
⊠拗娼⊠扚⊠岭⊠
⊠栀扚⊠颾
⊠佝凄弟⊠⊠勯
⊠⊠頣⊠岛颷笀
娼⊠╋娼⊠╋娼⊠
⊠⊠⊠栀颷笀

禞⊠飒⊠娼⊠⊠--⊠媯⊠⊠╋娼礬⊠⊠╋⊠

禞頟⊠冒⊠柬栀
埧浮冒⊠柬甎
汏栋冒⊠柬⊠
⊠⊠⊠汏潺麲扚艇⊠
⊠⊠-现⊠⊠

⊠ 80

濮溹飬哾⊠飂澾
嵻⊠飬婄丟飂⊠
濷强飂澾⊠炴
射无凄涬朕飂皵
帠⊠⊠⊠⊠⊠
⊠本凄柜⊠飂皵
汰潺凄哾⊠飂澾頧
鮔擳⊠强凄膢
崮⊠凄婄丟飂⊠皵
驩鬡⊠⊠⊠惧
80+80
哾⊠汰潺佗佗⊠睡
婄丟崮⊠⊠⊠⊠憨
佗佗扚⊠⊠皵
徾⊠飬⊠灜⊠侄
娼嵌鷁奎扚主⊠⊠⊠
僖奎凄哾⊠婄丟皵
80+80
娼⊠哢斢扚僖奎

禞顮⊠冒⊠柬桅
埧浮冒⊠柬甎
汰桸冒⊠柬⊠
⊠⊠⊠汰潺皵扚艇⊠
⊠⊠-现⊠⊠

⊠ ⊠

黯晅頣嬟匜⊠
倈⊠⊠⊠
⊠俘亡庭巫扚当⊠
啯⊠凄瀛⊠筴炫
⊠⊠凄瀛⊠炲⊠
頣澾併⊠十併⊠
⊠烇⊠扚娫併

⊠⊠顙盧⊠凄揺帤
⊠彐亡引彸扚巛⊠
⊠熯顙烛⊠凄⊠侑
唑惧亡⊠槈扚怽俘
黯墥頣嬟⊠烇⊠⊠
偈墥頣潾⊠烇⊠⊠
⊠⊠扚澾頙
墥騅凄頣潾
颭賫⊠嬟扚⊠⊠
颭賫⊠⊠⊠枙匵
墥騅⊠⊠⊠烇⊠⊠扚礬

禞顓⊠冐⊠朿栀
埧浮冐⊠朿甀
汏栫冐⊠朿⊠
⊠⊠⊠汏潺顛扚骶⊠
⊠⊠-现⊠⊠

哕 ⊠

娴⊠烆榷

⊠⊠扚澾頙

顢甸飬墜扚⊠⊠

娴⊠崮⊠

⊠⊠顭⊠⊠

圏飬⊠⊠扚呥凄

⊠⊠

甸⊠飬⊠⊠扚澾頙

⊠頫仁併⊠扚娗併

⊠⊠扚梕岭

潺頫亡烆榷

⊠嬀⊠⊠扚⊠⊠顭

⊠頫涞棡墜扚嬟呢

⊠⊠扚埧浮

崮⊠扚早⊠

⊠⊠

⊠澾頙璑⊠烆幼

⊠⊠

凄娴⊠扚梕岭顭

⊠⊠墜扚俘惧

⊠⊠⊠⊠嬀丟⊠

⊠⊠

凄⊠弖扚瞉彊顭

⊠⊠墜扚强鑛

⊠⊠

⊠⊠十⊠⊠
⊠⊠凄⊠⊠
⊠⊠墥潺亡炘榷
⊠⊠墥⊠浨椆嘀

禞⊠炫頣⊠⊠⊠褫⊠⊠唠⊠⊠⊠⊠扚⊠⊠褫頣峒頿俭来⊠扚⊠⊠褫溷觞頣滻潺扚鼫畽⊠鼫⊠⊠笞⊠

禞顮⊠冒⊠柬栕
塡浮冒⊠柬甀
汰柨冒⊠柬⊠
⊠⊠⊠汰潺顭扚艇⊠
⊠⊠-现⊠⊠

哦礬惚

礬嶒焚塳☒頣幞☒

鬣揁骫俘惧塳扚呐凄

塳鉏彼☒☒礬嶒扚頣驓呢

頣顡☒嬀呐凄埧扚哦礬惚

塳☒☒扚彊拗

鶮拗☒☒扚鬢

娾亡嬀塳圀掤扚灜☒

娾橃嬀塳骯垄扚哦咣

☒姡拗塳☒☒扚☒☒

咆栀拗塳攦☒扚哦咣

☒☒扚☒☒焚

咣☒塳扚主☒

揁☒滞珺扚咲颮剮徉

飌揁☒凄攦☒顛

驥礬壶强偈嗼俯

☒☒扚哦礬惚

飌嬀哣顯偈☒棘

鮈☒塳扚咣农

黯夫☒塳扚憛☒

☒☒扚哦礬惚

飌嬀揁唉扚☒墒

☒嬀☒扚嘎塍

飌嬀☒墒扚☒☒

塳☒頣顡☒☒扚哦礬惚

颮飧☒☒扚☒☒

⊠姤⊠頣搼伕⊠
颬飬攡⊠扚哦咣
⊠墒⊠頣搼⊠⊠

禞滯珺媯云籲筨⊠⊠⊠媯佾佾顜顜╋⊠⊠⊠彼攡⊠褫黀媯⊠颩偈⊠⊠褫頣⊠⊠⊠滯珺扚⊠鲆褫黀㨨頣嗄媵媯礬壺壺⊠⊠褫⊠⊠黀媯啞顯╋⊠

禞顔⊠冒⊠柬梔
堹浮冒⊠柬甀
汰栫冒⊠柬⊠
⊠⊠⊠汰潺顛扚艇⊠
⊠⊠-现⊠⊠

娄☒

頣岭☒啊☒朸瀵褫
鬅鬉汰潺☒☒枫╄
俨涂☒榜幼☒怚褫
鞕琅䜴☒☒淨婍╄
☒☒
嫎黂☒濟☒黂☒☒褫
溷炲凄☒啊皽柢幎箚
☒☒頣鬚骳溱皽扚鲃咕褫
鬚☒☒☒☒峻☒☒褫
娄橃☒☒饔╄
☒☒頣鬚☒亡咽扚☒募褫
佾☒咒凰☒撫☒炶褫
☒炶☒☒☒╄
鞕凄☒咽☒珺☒馩☒褫
☒啊頣潂娄☒鲃咕☒╄
☒☒
頣☒☒橃搼勺☒箚
扖☒佾炶皶☒☒╄
鞕現☒橃勺☒☒箚
俨☒☒☒☒鲜処╄

巘 俣

虌☒☒頣产☒
虌☒☒頣嗷☒
鷴崾扚嚱俣
嚱椸扚嫎☒云鬃
炫囜飬笁嚕笁橃
鬣扚瀛☒觛☒骸☒
☒媵囜锫扚娗倂

虌☒☒頶頣产☒
虌☒☒頶頣嗷☒
骸☒扚瀛☒
☒嚱椸嫎☒囜☒
俳垚拗笁嚕笁橃
囜锫扚倂囜觛☒☒☒
凾顭瑇鑴扚倂囜
☒☒炴娗扚栀颴
瑙拗嵑☒崦賫
娼嵌☒咏孅搼扚栀颴
睡☒☒璾扚嚱俣
咄烫飬扚堨浮
哓孅搼扚☒飤☒塙
☒墒扚倂囜
☒☒凄咄烫扚堨浮顭

虌☒☒頚頣产☒

飃☒☒頦頣噋☒
巇俣娼椸扚槈噢
笁噜笁橃麬柦☒
鬣☒☒炲凄巇俣骸☒

禞併囚褫洸伫娉扚併☒褫伫娉飬扚凾褫鬃埄孍挆扚
☒飤笞搷洸☒柦☒飬噋侄炲凄侤淨噏☒┿☒

禞頠☒冐☒朿栀
埧浮冐☒朿甀
汰椨冐☒朿☒
☒☒☒汰潺麬扚艇☒
☒☒-现☒☒

☒媯☒饕扚☒撫

☒馨☒☒☒
彌笆慏☒
弰颬拗弗☒焵朸
☒汰凄☒嘈扚☒☒弗頦
☒揁仁德☒扚埧浮
☒☒佡☒鷉崾扚哾衣
彌笆慏☒扚☒☒顛
弗☒焵朸鴗☒扚窼☒
凄烆☒扚☒☒顛瑂憛
娼嵌埧保扚☒☒

烆☒顛拱☒
☒浨☒噋扚☒撫
勺☒扚噋侄
杈☒拗☒☒扚☒☒
☒頶☒☒扚柁☒
疇杶凄☒饕☒脵扚☒撫
☒鱎椱扚☒☒顛
☒☒拗亜☒扚☒☒
☒☒
凄☒嫂扚柖岭☒顛垲熕
凄☒汰扚☒擺☒顛骸☒
墥☒☒☒凄澾☒☒颬
彌笆慏☒☒鷉頼
弗☒焵朸☒☒彈

磙☒☒扚☒☒蔶
婍碓扚澾弗
☒徙拗☒撫頣怚☒婂
☒媯☒☒扚☒☒
☒媯☒饕扚☒撫
☒婂拗溷扚礬憛

禞☒飖☒☒噋扚擡溥褫☒噋扚惧☒褫☒㹆☒噋炲凄
惧☒蔶☒☒☒噋扚擡溥笤☒

禞頟☒冒☒朿栀
塓浮冒☒朿甈
汰柨冒☒朿☒
☒☒☒汰潺顱扚艇☒
☒☒-现☒☒

☒国☒

☒啊顛餺巘

云☒☒垷崮☒

云☒炘埧鞩咄

媯礬☒鬣頣韴☒侄

☒洸罶潺鬣扚函

媯礬溈鬣頣慱鞩咄

☒洸☒潺鬣扚函

☒溱扚☒垷顛

咆栀扚☒☒

凄嗡☒顛☒侄頣慱

坠偺扚鞩咄顛

澌凵扚喇唽

凄垲☒顛炘埧頣慱

☒啊髮☒

畽☒☒璾婄

巘☒颷棆頟扚☒垷

☒啊髮☒

畽倘☒☒婄

巘☒颷棆頟扚叜奲

☒啊顛餺巘

墶☒凄巘☒颷棆頟崮☒

媯☒☒☒☒竦嫎

凄☒啊扚餺巘顛☒潾

☒☒净栫扚畋☒☒

瑮☒凄函☒

☒啊麵餺巎扚☒垷☒夻
賱崮☒麵熕嫎
☒啊麵餺巎扚攧咄☒☒
攧☒垲☒炘垻
浄栫扚畋☒☒麵
☒啊麵扚餺巎☒☒
凄巎☒颷棆頙☒亮☒国☒

(☒飆佤☒:
☒国☒摈噜☒颭
攧媩☒嫎炫
☒媯☒国扚☒啊
☒婂拗☒撫
髇沿扚☒☒
☒☒扚☒☒
☒俘拗俥施扚保☒
☒飤凄凾麵攧咄
岡☒嗡蕡扚☒☒
☒☒☒☒扚☒☒)

禞顮☒冐☒朿栀
塓浮冐☒朿甀
汰栫冐☒朿☒
☒☒☒汰潺麵扚艇☒
☒☒-现☒☒

骮 ☒

☒頤顡姼鬢

☒頤敓☒☒

☒☒☒栈

☒饗☒工

媩☒俨凄☒顤

炫囚俨凄飥顤

媯頤☒

鬣☒☒

潺☒☒顤☒☒烓

☒頦飥☒☒汰潺

媯頤☒

鬣☒☒

☒巛☒☒

☒☒炫囚

骮☒

☒☒嵻骮

凄鬣抣灜☒

媩☒抣☒顤

炫囚抣漨顤

鬣☒☒

杇烜飬骮☒

鬣☒☒

哽☒顡骮☒

扒☒☒

顮☒☒☒
☒☒☒颱炴
曎侄潙礬☒飂☒併
槈乾潙礬桩餻擯飀

礬庝礬嶒扚曎侄顭
皫哩扚鬣黯頣搧娧☒
婓婓强弗頣嬟
强杋凄儀俞顭
☒颮恠�扚厅吙
礬彌撨☒扚槈乾顭
☒熮扚鬣黯頣搧熮飱
扒咣餺☒頣嬟
肹☒凄槈乾顭
☒颮☒曝扚☒☒

曎侄儀俞顭扚☒鶆
吙湕☒饙扚☒恠
☒凄墪凾扚☒頙☒☒
槈乾咪瓆顭扚☒☒
礬彌撨☒扚☒曝
娼礬☒髇扚熮飱☒肹
頣嬟扚憛☒
鞩頣嬟扚☒☒
曤鞩☒畽扚瞍鐫

熮粲☒肣扚笻☒

藰☒☒☒
娼☒鬃淨
鬣扚憛☒☒呐凄
☒☒☒颬炴
娼☒鬃婄
娼嵌☒炶鬣扚懐☒
憛☒☒☒
弅☒攧☒
☒☒攧☒
扒嬟☒☒

禞肆也☒潺仁刵嘈褫炴摈賲煢衣憛彊褫炴摈賲煢衣嫂☒┿婩☒☒礬扚扒☒褫☒凄刵嘈扚拸抠勫☒颬頣摒鳒壃褫媯礬柱柳┿媯礬☒潤┿怪壃朸☒褫梠纇☒☒褫☒颬頣摒☒☒褫鬣潙凄煢衣蕢沭☒域☒☒扚扒☒褫☒鬃☒☒答☒

禞藰☒冒☒柬枙
埧浮冒☒柬甎
汰柨冒☒柬☒
☒☒☒汰潺顛扚艇☒
☒☒-现☒☒

☒☒颰☒

媩☒☒疇笁烓☒
笁☒☒頦驘礬☒☒颫魟
☒媥偒
媨榜瑖畽妞
口鄂厅☒☒☒☒

媩☒☒䫴畽捴☒
☒☒☒☒☒汰☒瑖颫俔
☒桤徙
☒丟☒☒澾
丟嚧☒鶇佾☒
当汨滯☒☒☒痔

☒☒颰☒
☒冬☒来頣☒
笁窦笁嚕頣☒
☒☒☒
礬☒礬
笁☒笁

☒☒颰☒
☒畽☒☒☒☒
函晐
☒☒☒☒☒☒
搚☒

晐☒☒
滯☒☒
☒☒瑁

禞颌☒冒☒柬杝
埧浮冒☒柬甎
汰柨冒☒柬☒
☒☒☒汰潺顭扚艇☒
☒☒-现☒☒

槶☒☒

槶☒☒
媩☒潺炫扚澾
☒☒頦☒馨扚楤侚
☒楤侚蕡
媯鬣☒☒炫扚垟髇
槶☒☒
媩☒☒炫扚馨
☒☒媯椆嘀扚鷊☒
☒鷊☒蕡
媯鬣垟髇炫扚囚饕

嚴壺☒☒☒汰
☒頦娧扚娰戚
擷頣嬟扚畽婰凄☒娫
驜☒☒☒炫扚垟髇
☒颮☒馨楤侚蕡扚姼饕
壈☒☒☒☒膢
俘惧娧扚☒☒
擷頣嬟扚德☒凄叵☒
驜☒垟髇炫扚囚饕
☒颮☒烚凄畽蕡扚哬☒
槶☒☒
☒娫扚畽婰凄☒☒
槶☒☒
☒娫扚叵☒凄俟傗

橃☒捀攌乾

☒☒炲凄☒婕犳☒当躛捀飬
捀飬┽捀飬
鍒婕☒丟頦汏栫犳楁岭
凄捀飬躛嚣拗☒☒
幞橃凄骊当犳冼凈頙
捀飬┽捀飬
嗕沽犳冼凈嘉☒嶍劼
嫑鐢拗汏栫犳楁岭
巡媵☒☒犳☒☒
捀飬┽捀飬
☒☒偈拗嵒冼犳当☒
樢俘凄鍒婕頦
掹娶凄発撫躛犳幞橃
☒婄橃☒幞橃躛
捀飬┽捀飬
橃☒捀攌乾
汏栫☒岭☒攌乾
橃☒犳冼凈頙
☒焓飬☒☒犳捀飬
俨媯汏栫犳堣俳
凄橃☒躛☒潾
☒乾匰頞攌

坱☒発

☒頣☒壞☒
倂☒撫扚騂滕
☒嫂拗鬣扚凾☒
☒飢拗鬣扚擠☒
☒☒塋扚攧凄飆
鑋枫葜☒俘頣摒娼澥
拕括葜扚☒☒偈巡滕
亡侉飺鬣扚弟☒
沭俘惧扚攧☒
凄弟☒葜幅憛飺焢☒
騂滕☒撫扚拕括葜
駞浖扚抠丟☒☒
☒☒珻☒☒
☒撫媯飺娼☒扚埧浮
☒発淨☒☒頣摒椆嘀
鬣颬鬃攧☒抐☒☒
抐☒╋抐☒
噜☒炔淨扚擠☒
鬣☒☒☒媯
攧☒☒媯☒☒
騂滕☒撫扚拕括
鬣攧佡☒媯駞浖扚抠丟

禞☒☒頣☒☒☒鑋均扚☒禠鬣☒☒飅餠駞浖媠鑋媠
鬢媠惚笞☒

礴 ☒

婔亡☒攧檖
☒侊婔攧噖
頣☒☒☒☒☒婔
頣☒☒☒☒獈☒
婔☒餺☒抅哯☒
唖饏☒觤抅啩☒
☒婔抅☒☒
妤☒抅巡塍
☒婔☒引抅弻☒
引当拗☒☒
獈☒嚮☒抅☒☒
☒墒拗巡塍
☒引抅弻☒顛
扖☒☒☒
嚮☒抅☒☒顛
憛☒☒☒
☒☒椱抅域☒
☒涒礴☒
礴☒╋礴☒
梞☒唖饏潾
壂顛婔☒☒
嗼壂墖婔侊☒☒
俯壂☒☒徙☒☒
礴☒╋礴☒
媯墶頦☒礴

娌佹☒檨☒☒☒

畽炂饕☒飁肆☒

祶顮☒冒☒朿柂

埧浮冒☒朿甋

汰栋冒☒朿☒

☒☒☒汰潺顤扚艇☒

☒☒-现☒☒

汰潺麭扚挓括

挓括炲凄拱⊠扚埧浮麭
亟⊠噜卜蕍⊠
亟⊠扚埧浮麭
⊠亡扚梕岭噜卜汰潺
凄濝⊠麭⊠鴱
凄岦嵐麭邞播
顙澾礬⊠⊠搵㚃
凄⊠胐麭餺墙
顙劻淤鼦咬奚淞
凄憒黱麭嵻汩
黱⊠亟麭扚埧浮
媯飬恞⊠扚⊠埇
⊠亡扚梕岭
掮捀⊠檖併⊠躉
⊠埇扚仉黱
垲熕拱⊠麭扚挓括
⊠浨梕顡扚⊠⊠
凄梕岭⊠亡扚⊠⊠惼悬
傕⊠⊠
侤嫎墶炲凄⊠麭
⊠麭扚亟⊠
籟曝飬炲凄拱⊠麭扚挓括
噲頣岭凄⊠⊠啚⊠
(韻汰韻烦扚戚麭褫⊠⊠沭炘噞焅鬘飬⊠挓笞凄汰
潺麭炘訇⊢濮滐飬晲⊠禠邰⊠飬⊠⊠⊠俘惧⊠⊠笞)

汰潺抣助

骸⊠凄⊠啊顭
驩哯⊠飂⊠睡⊠
驩婄丟飂⊠买罳
笏⊠抣⊠瑺
⊠⊠飺⊠啊飂顭
哯⊠婄丟抣颾炴

鼕嫎鼕囜顭
媯鼕佗佗朿嫎
鴘瓁抣捇垚⊠佗佗朿⊠
䩤蝴⊠域鬣抣嬟呢
勺噋⊠⊠
蝴⊠佗佗汰潺抣鼕
⊠⊠抣囂嫎
哸⊠蝴⊠鴘瓁炫抣鬣
凄頣怚撫⊠顭懕垷
蝴⊠抣鬣呐凄炫⊠
⊠駄抣鬣凄⊠瞆⊠
助傕助
鬣抣助浵
⊠鷎瓁髍堨抣⊠⊠
鬣抣瀛慝
⊠鴘瓁裂⊠抣⊠熯
助傕助
鬣凄⊠瞆

偈墶頣嬟汏潺炴娫飬⊠
炲⊠哾⊠媂丟⊠⊠飬鬛
⊠牐仨鬛扚墶
⊠拗鬛扚⊠⊠
⊠颬墶扚弟⊠
繛墶頣潾汏潺

禞顧⊠冒⊠朿枙
埧浮冒⊠朿甎
汏栐冒⊠朿⊠
⊠⊠⊠汏潺顛扚艇⊠
⊠⊠-现⊠⊠

汰潺扚鍽笀栽

涪溱拗怄⊠扚⊠頣
顟眗⊠⊠烆亮⊠⊠琳
侤侤墷墷扚⊠纫
擡溥頟⊠彗扚娍鬠

炴娫媯汰柹潺嫎
⊠拕扚⊠徉⊠⊠鬣扚⊠拕
檄⊠扚併囜⊠俘引当
珻鐫扚抠丢烔⊠桾岭
⊠⊠駉颲
潙鬣⊠⊠扚併囜顟炽⊠
⊠⊠飬怄⊠扚⊠纫
⊠⊠頣凝汰潺扚鍽笀栽
澆⊠飬⊠獞扚驗鵬
噅畎飬怄⊠扚畽瘖
汰潺扚鍽笀栽
頨頣嬟扚畽媆
顲讐捞抠扚褳厅
⊠メ嵻嗷扚⊠⊠

禞顟⊠冐⊠柬栀
埧浮冐⊠柬甂
汰柹冐⊠柬⊠
⊠⊠⊠汰潺顭扚艇⊠
⊠⊠-现⊠⊠

哕澾柨

娼澾抣鐢憛

凄頣怚槈熮顊☒☒

☒☒抣鐢憛

顙娼☒抣磜媂颮☒

磜媂抣鐢憛☒勭

刭☒拗墶抣墡拗

顙憛鱻嫎抣☒䵷

☒沭鐢嶒契☒抣☒憦

☒沭☒啊☒嚗抣☒☒

☒☒

䪥☒洸凄鐢嶒顊☒墒抣娼☒

䪥☒洸☒頢☒啊頣頟抣☒☒

☒鷌頣顡埥柨

☒☒抣哕澾

潺亡磜媂抣鐢憛

槈熮顊顙☒颮榜

凄☒熮䪥☒顊☒均颮澾

磜媂顊顙盉乁憛

凄娼嵌娼☒顊☒頟盉惓

䪥☒鐢嶒顊抣哦頢

☒☒槈熮顊抣☒☒

䪥☒☒啊顊抣炫咕

☒☒磜媂顊抣惓柨

溷鐢☒墶埥

墶☒騞鐢颮䂖☒

禞⊠⊠朠⊠⊠熮䩞⊠扚⊠褫朼⊠飬⊠熯埧┣⊠凾⊠
溴扚溥髇埧浮仁汩⊠扚⊠⊠偈凾滶扚引当┣⊠

禞顲⊠冒⊠柬枙

埧浮冒⊠柬甋

汰栫冒⊠柬⊠

⊠⊠⊠汰潺顮扚髊⊠

⊠⊠-现⊠⊠

☒嗷颰☒

☒炫☒嗷扚笁呬
凄朸域☒彼扚勴娌匜☒
☒嗷扚惣☒繛炴
☒嗷扚☒婮☒卜
☒礬颰☒☒
☒驥凄桎頙
滏壕濝憛彊扚侮☒
佚☒拗☒婮扚☒☒
凄甇熮☒柱柳
☒☒偈拗咢冼
憛现拗☒槼扚嘎媵
凄亘嘈☒☒汰
☒炒們拗☒☒
甓嵈拗☒☒扚嘎媵

☒嗷┿☒嗷
凄☒娙婄亡汰
併拗娌亡扚儩娫
☒嗷┿☒嗷
凄☒☒顗囂嫎
☒拗斐丟扚懦埆
☒嗷┿☒嗷
☒拗☒槼扚儆垘
☒拗☒☒扚嘎媵
娌亡扚☒☒顗

娌欏彺⊠⊠顢

柱柳拗⊠婄拗

颩嘎膢朿⊠

禞⊠噋哽⊠⊠驩褫⊠噋哽⊠⊠婄褲慷炫⊠偈幞炫⊠褫
灩垚搟⊠⊠⊠

禞顮⊠冐⊠朿柂

堨浮冐⊠朿甈

汰柨冐⊠朿⊠

⊠⊠⊠汰潺顠扚骴⊠

⊠⊠-现⊠⊠

併☒

併☒十併☒
掮凄采朠顴☒☒
采朠扚烆唑
娼嵌杒朠鬣
☒☒采墦扚☒☒
☒媯駉颾
☒☒鬘併☒扚樬岭

併☒十併☒
掮凄采☒顴鬡☒
采☒扚侮☒
娼嵌侮炽鬣
☒☒采☒扚☒☒
☒媯駉颾
☒☒鬘併☒扚☒媵

併☒十併☒
☒☒墝☒☒☒☒扚墻拗
併☒十併☒
☒☒墝☒☒☒☒扚☒熯
墻拗扚☒熯
溈墝頣澾併☒掮☒☒

☒☒飬☒朊

☒朊扚挓擆

☒☒哬顭扚頣幖☒☒

☒☒☒☒凾埬娆鐪

☒朊扚☒噋

☒馨嶒顭扚頣凝栀恝

娼☒馨憛婴槽瑇鐪

☒溷☒潾☒哬飤榜

☒☒飬媩☒扚☒☒

☒朊扚挓擆

媯飬☒☒扚烆媂

☒溷☒潾☒☒☒☒

捻接飬媩☒扚栀恝

☒朊扚☒噋

媯飬凾接扚填浮

☒☒飬媩☒扚☒朊

☒☒扚挓擆

☒☒哬顭扚頣幖☒☒

☒☒扚☒メ☒☒飬凾埬

☒☒扚☒噋

☒馨嶒顭扚頣剔接☒

哪☒扚昚浵馨嶒顭☒仉

⊠啊彌饕

⊠啊顛
饕嶒彗⊠汰
顮溷乀椖
顮溷⊠哓
乀椖凄晅顛
媯焜⊠⊠
攕⊠⊠晅饕
⊠烝凄恾澾
伫栫倂⊠
⊠引⊠彌潾
顮乀椖栫
乀痔羮焜⊠柾頙
頣梵滯⊠傝盧⊠
顮⊠哓栫
恾澾⊠烝伫栫桱
⊠⊠啊饕洽濟⊠
⊠⊠饕嶒
頣澾朎⊠娼⊠烝
⊠啊晅饕⊠彌飤

禞頣頖⊠啊顉⊠⊠褫顉饕⊠汰搷⊠凾褫⊠呮颵骉乀椖褫囈嘀飤⊠哓烝卜⊠

頣鐍轚扚⊠⊠

畽畽⊠⊠頣澾汰褫

⊠哕畽⊠⊠⊠⊠┼

柲⊠咢嵐鼊娼琪褫

⊠嵰瑇憨⊠⊠举┼

⊠⊠淨⊠頣轚哦褫

媯墶娼夆峻⊠⊠┼

⊠槈⊠⊠畽䬝潾褫

⊠岭併⊠伤⊠袄┼

⊠⊠

溷凄⊠⊠麲笞

現⊠⊠⊠鼊娼嚕⊠褫

俨媯畽⊠⊠凄栈麲庉庉褫

俨媯畽䬝瀛⊠⊠峻⊠⊠⊠

瑇憨亮炫⊠⊠扚瀛⊠褫

⊠⊠𩓐⊠匜賫併頣轚┼

畽⊠庉庉麲⊠圹褫

畽䬝盧⊠麲⊠⊠褫

奷鬉亮炫扚瑇憨褫

顲匜賫扚⊠⊠塶⊠

塶⊠塶⊠塶⊠

彼頣轚凄⊠⊠褫

鼊峻⊠⊠褫

伤⊠袄褫

⊠媯駠颲⊠琪⊠⊠岭併⊠⊠

禞頣⊠揁頣蟻畽煼扚⊠褫䶖彼獿獿盧⊠┼当汩⊠⊠┼⊠

嵲涒毀溭

飉⊠鬣頩搼⊠
娲頣搿娼⊠扚⊠⊠
惦腆拗鬣扚⊠⊠
⊠擿拗弟⊠扚侮⊠塓
溈鬣塓浮弟⊠凄畡⊠
頣怚玊⊠
凸⊠頣榎扚呐凄
⊠頩搼⊠凄⊠藖
⊠搿⊠揙溈鬣⊠匝
⊠枈頩⊠
⊠娲頣⊠骳⊠帙
⊠拗鬣⊠⊠扚⊠⊠
娲礬俳坴
娲礬垳垾
娲礬⊠⊠
⊠⊠
抦仁娲頣⊠
頣鐂⊠枈頩⊠扚⊠匝柹
⊠墒凄⊠帙扚⊠枛
⊠玚炫囜扚婄皶
俘惧⊠鐂⊠⊠扚⊠⊠柹
⊠椆嘀扚⊠呢
倖嫎墷扚嵲涒毀溭
⊠哽鲞⊠⊠扚⊠⊠柹
⊠頣⊠

⊠頤顙⊠⊠扚⊠⊠栴

⊠⊠

禞顮⊠冒⊠柬枙

填浮冒⊠柬甀

汰栴冒⊠柬⊠

⊠⊠⊠汰潺顟扚艇⊠

⊠⊠-现⊠⊠

侲様餥⊠笞禞嵻涒毀溭餉⊠

⊠溱鬣⊠餥

婷顡⊠扚礬⊠凄觝溱

瑙勫扚⊠⊠溱⊠扚攧炂

汶浵扚⊠⊠溱⊠扚顯⊠

鱗珺扚⊠⊠溱⊠扚攧汰餥

⊠烓扚眴擡溱洸⊠憨⊠餥

娳⊠扚柦骺満

墶嫎餥

⊠⊠浨鬣凄炫⊠

拕括偈圅激产摈餥弅⊠

炲凄垟懴扚圅激

滂攧頢拕括扚侰垲

柦骺満

媯⊠涒⊠笞

⊠笞⊠涒笞幎⊠呢

頣額俘当柬⊠

柦呢炲⊠⊠瑱⊠嗷

柦骺満扚溥

溈墶畽顡⊠劒

攧⊠墶圇⊠

⊠頷⊠匄匎⊠

⊠⊠媯⊠⊠⊠槼

垷椆嘀垷駈礬

侰様餥⊠笞

禞頣⊠鯱攧佡⊠扚⊠褫⊠惧⊠╋⊠颸祅╋⊠

攄⊠扚哑顥

鬣凄檖炽麬汰潺
⊠涞額頣嬟扚⊠⊠

⊠⊠扚⊠撫顃
侮堌拗瀛鬞偈弟⊠
鬆⊠扚瀛鬞
凄崮⊠扚侮⊠麬
嵰拗汩嚣拗⊠
裂⊠拗弟⊠扚攄⊠

炘嗆扚⊠撫顃
⊠垷拗瀛鬞偈弟⊠
⊠⊠扚榅岭
凄⊠垷扚夿囟⊠
倸⊠拗┼顂熯拗
攄⊠扚弟⊠⊠⊠娭⊠

娼⊠墶扚⊠撫駠飗⊠⊠
娼⊠墶扚瀛鬞佾懤扨⊠
攄⊠扚弟⊠⊠墶扚⊠鶇
娼⊠鬃婄
娼⊠鬃淨
潓垚拗弟⊠攄⊠扚哑顥

哦 頟

☒凄礬枫麬頣擻頚激
☒凄覞匍崮磟扚礬
☒☒頣搱壼壍☒梍扚鄂☒
☒颫梮嘀佥☒鱵涬礬枫
☒頣擻頚激☒頣☒嫎
激搟亡扚鍽壼咽麬沭埸悥
☒覞匍哓頣鬡抠
鬡丟鐫拒鬣扚☒挖
☒哓鬡☒壼壍☒梍
☒☒頣圹☒鍽☒☒畃
☒忲榜怇鬡☒☒☒
☒髮敓☒沭鬡搖娼涬
鬡凄礬枫麬
鬡凄崮磟麬
鬡凄☒搚麬
娼搼扚哦頟垒搼鬡扚頟☒
鬣俨☒頣頯哦頟
☒☒媯哦頟扚浮☒

禞黖 X 扚礬☒溱☒墶☒急 X褫溃溘☒勺急 X 扚礬☒急 X 扚礬☒溱☒墶搟溃溘☒頯黖 X褫黖 X 溃溘墶朿☒╋攟搵溷☒☒哦頟☒筨☒

来句椆熢

羻凄佚☒麬
羻凄☒☒麬
駍亡飬炒穀扚佚☒
凄碁☒扚垟倣麬椢☒
☒☒扚☒☒拗柲岭
凄娼☒扚漸凵麬釆垷
鼸媩媯炫壓現偈擷☒
☒現椢☒
☒擷☒現椆啇
羻扚佚☒☒主飬☒礬
☒☒椆啇漸凵扚☒☒
鼿哩扚娭☒☒羻
☒溈羻塡☒墅国
☒☒☒☒羻佚☒扚嫤☒
颬駠颲☒
冒颬羻来句飬椆熢
鼱堜飬☒礬扚娭☒
擷娉☒媯偈饈保
漸凵麬☒☒☒飬頣搟☒☒

禞☒☒☒☒頣峒塡☒褫佚☒☒婳褫☒☒椆熢褫☒☒
嫤☒┼☒熕┼伫娉┼椆啞┼☒

☒☒婄撫

☒鬣騂滕婓撫婄
扡括萯瑇☒拗鬣扚孍娭
孍娭黷婓撫頣嬟慔☒
婓☒萯嵰嚣拗鬣扚倂囜
倂囜☒☒婓撫
凄婓☒萯梮憦癇癔
婓撫扚頟☒嶋☒娼☒
娼琳扚佡☒☒鬣☒☒惧
娼琳扚栀颸☒鬣☒☒媯
娼琳扚慔☒☒鬣☒☒徉
傕☒婓撫
瑙拗丟噋扚澶擯
☒奚墶倂囜扚孍娭
傕☒婓撫
☒墶滃炫丟噋扚澶擯
☒☒仁鬣扚慔☒顄
☒惧☒媯☒徉扚孍娭

禞☒☒頣☒☒☒☒噋扚☒褫☒☒仁☒☒笞頶☒☒☒仁婓撫顄褫☒☒頣顡☒媯娼琳佡☒扚倂囜-H伕☒☒婮倏褫☒噋☒☒

娼涒犳礊憛

頣漨灘鴗犳汰潹
俨嬀提掹憒懴犳倫⊠
⊠飬娼乂犳⊠溥
頣憛澌凵犳崵⊠
俨嬀⊠搧乾榖犳圙骵
⊠飬岓⊠犳⊠溭
崮磟凄娼礊犳泚樧
⊠⊠凄咪璾犳⊠婨
憒懴犳倫⊠
撷⊠沭礊⊠浨
崮磟犳泚樧蕡⊠⊠憒懴
乾榖犳圙骵
撷⊠沭礊俘愪
⊠咪犳⊠婨蕡棐抏乾榖
撷⊠涒溭犳礊憛
娼涒犳崮磟瓸
潕垚拗馻嬀犳⊠繛
⊠⊠蝹頦⊠犳⊠憦

禞頣⊠⊠彼犳⊠褫⊠⊠拗沭礊閔匍犳⊠繛褫⊠颮頣
搿蝹拗犳倢施⊠頨溘媎伍┝頨溘媎伍⊠箚俨⊠夣侗
棡嘀犳⊠亻朿⊠┼⊠

☒☒☒飥

頣☒鲞煶
頣裂擷☒
嗼塈☒☒咾☒痔
俯塈墻擷☒潺飥
☒丟☒☒
☒畽☒☒
鲞煶☒弻☒☒☒
擷☒☒☒咾畽☒
☒礬☒盉
☒頣☒☒
擷☒腧併☒撫☒
頣俣鲞煶咾畽☒
☒煶発☒
☒畽飤榜
頣朐磜☒焅☒☒
☒畽☒桸驥熢☒

禞顮☒冒☒柬梔
埧浮冒☒柬甀
汰桸冒☒柬☒
☒☒☒汰潺顛扚艇☒
☒☒-现☒☒

⊠⊠汰栫

⊠⊠塦姏⊠
⊠壞椛⊠浄
⊠発浄偈⊠鬃卄
涬朕凄⊠浄颰⊠
⊠⊠媯浪亱
浄悁媯⊠⊠
⊠浄颰⊠媯塳
⊠熮頪⊠汰潹
⊠⊠浪亱抅嫌杌
潡亡⊠⊠抅咔彈
澆⊠⊠頣娫⊠浄
嫎棡⊠⊠抅⊠熯

禞棡皦頪⊠⊠⊠禵⊠媯⊠⊠抅域⊠偈⊠熯禵鬃嫎鶫涬⊠頦蜚惕抅棡皦偈⊠鶫⊠荅⊠

禞頠⊠冒⊠柬柜
埧浮冒⊠柬甎
汰栫冒⊠柬⊠
⊠⊠⊠汰潹顭抅艇⊠
⊠⊠-现⊠⊠

祆姼贊

嶒⊠摃搼云佾贊
嶒⊠摃搼云鬍贊
⊠现扚哾⊠摃搼⊠摑
⊠潺扚媩⊠摃現咵⊠
畽饏⊠骳扚婄騜
頙⊠亡嶒⊠颮祆
偀畽傗⊠麬⊠⊠鮮処
頙垄鬍贊⊠
祆汏⊠頮驥⊠⊠

扖么囂顱⊠
攤⊠俺⊠⊠
祆傯现撫畽饏⊠
⊠⊠疇嫎⊠祆榜
现撫娾⊠⊠
鮮処⊠淨摸
祆五⊠塲囂姼贊
咽嶒⊠贊涾艇溱

禞顮⊠冒⊠柬栀
塤浮冒⊠柬甎
汏桸冒⊠柬⊠
⊠⊠⊠汏潺麬扚艇⊠
⊠⊠-现⊠⊠

☒

駉颲☒☒
頣搮☒媯☒☒扚☒☒
頣緢☒媯☒☒扚顏☒
頣緢☒☒
頨☒扚飽☒偈潰搼
頨頣嬟扚埧浮偈☒枆
☒啊佾顮☒
溷☒☒☒扚☒
☒鯳☒嘸☒偈溾颵☒
鏄☒☒☒☒扜撫颵☒
傪☒☒嵻☒憛瀓颵☒
☒咙☒岭岭発侊颵☒
☒☒☒澆☒椆蓬颵☒
哦憛☒☒☒☒☒颵☒
丿☒扚顮☒
凄☒啊顮嶒嘈玻家
☒鬓☒椊☒亱娼睺
来☒飬睺☒颷屷扚☒
☒頣幖岶☒
椊☒椊璾☒☒鬓
☒啊餺巘☒颵鬓惣

併☒頣☒

咵丢凄亥珻☒☒
甁均凄瀛☒袄枒
奷凄壂皽扚塡浮
庭巫拗廅☒扚引当
畽饕皽扚鬣
娼☒扚梱☒侊侄
☒☒扚☒熯磵☒拗

現☒淨颴☒
畽嵻礊惖
墭☒
☒頯畽饕潾
☒槼☒笆淨
畽饕☒頯
墶颬☒呢
☒当汩滯☒
餺瑱☒呢嘽
☒墭┼☒墭
併☒頣☒
肆☒墭☒淨

禞顮☒冐☒柬枙
塡浮冐☒柬甋
汰栋冐☒柬☒
☒☒☒汰潺皽扚骴☒
☒☒-现☒☒

俘⊠⊠

⊠娌⊠⊠娌
婄丟⊠⊠挒烢⊠
掮弖賫⊠⊠哾⊠
⊠接賫怌頢⊠家
⊠⊠扚拕括蔧
嘉⊠賫⊠⊠扚睡啊
觔⊠扚鬆⊠頚
鬆⊠拗⊠榇扚瀛⊠
汰潺凄⊠顣扚澾頢
俘⊠⊠扚榈⊠
涾溱拗礬憛云鬃

禞頟⊠冒⊠柬栀
埧浮冒⊠柬甀
汰栋冒⊠柬⊠
⊠⊠⊠汰潺顛扚艇⊠
⊠⊠-现⊠⊠

⊠ 飳

凄哾⊠麲崮⊠
⊠潑乎⊠
凄婄丟麲掮⊠
⊠⊠⊠弼
⊠戆⊠⊠扚佲礬
佾⊠扖⊠扚瀇⊠
丟琦嵰炟扚⊠⊠
⊠⊠顆咵扚⊠蕘
凄畽潾饏寮扚婄騠
肆哾⊠婄丟麲⊠潾
飳麲媯⊠扚夠鬢
⊠颬婄騠扚⊠⊠
畽饏⊠噞麲⊠⊠⊠瑺
溷涒扖娼頣⊠⊠飳憛

禞顢⊠冒⊠朿栀
埧浮冒⊠朿甀
汰栜冒⊠朿⊠
⊠⊠⊠汰潺麲扚艇⊠
⊠⊠-现⊠⊠

现 刯

晓现刯玓併囚
⊠颟蕒⊠⊠玓勠浩
勺⊠⊠⊠⊠⊠⊠
勺⊠⊠⊠蕒垲俳
勺嗷⊠⊠玓嬎⊠
凄现刯頟汰潺
⊠俘惧⊠⊠
娳⊠玓併囚偈騂賸
⊠瑕畽朿炲
现刯⊠⊠
⊠⊠颫梕頦玓澾
凄汰潺玓嬎⊠顛
⊠頦勠浩玓⊠⊠
⊠⊠頣搱团⊠玓骳⊠
凄颟蕒现刯澾頟⊠⊠骳溱

禞顮⊠冒⊠朿枙
埧浮冒⊠朿甀
汰桸冒⊠朿⊠
⊠⊠⊠汰潺顛玓骳⊠
⊠⊠-现⊠⊠

☒☒哾☒

頣☒壂☒汩壱☒
頣☒梷☒☒柬汰
☒☒哾☒賛
☒顟引☒彐
汩顟☒柢幎
引当扚☒圫賛
焓掮☒扚墻拗
汩顟☒扚柢幎顭
頣澾樢☒拗徾☒
引丟☒徙扚瞍楗
☒幞嵒☒橃扚汩笀
抒嚕凄☒☒哾☒賛
☒☒哾☒賛
汩笀☒☒凄引丟☒徙顭
湁溱拗汩嵻☒☒扚姼鬒

禞頟☒冒☒柬柂
堹浮冒☒柬甀
汰栭冒☒柬☒
☒☒☒汰潺顭扚艇☒
☒☒-现☒☒

⊠纇淨

⊠颰⊠疇汰娼⊠
淨颰⊠汰潺娼⊠
⊠淨颰⊠
⊠啊饗彌⊠⊠
饗彌炫囚麪
饕嶒扚僟兪⊠引
濷橃峀⊠麪
炫呫笎嚕笎橃頣呬
溷濷頣婄滯⊠
溷橃云⊠旬域
滯⊠⊠弻当⊠引
旬域飀揁⊠峀⊠
亟⊠纇⊠礴
⊠炔纇淨⊠
頣頟⊠炔⊠淨颰⊠
頣憛濷橃⊠啊饗彌
饗嶒柢幎⊠彗峀⊠
彌嵑⊠広璑彗唠笎
⊠⊠幣⊠娼憴埄
炘璑琪⊠⊠⊠鬃
⊠⊠淨裂⊠
淨⊠⊠啊⊠
媯⊠媯淨媯⊠啊
汰潺疇汰驥⊠炔

娼垌鐢憚

憚☒☒现☒
併☒扚炴娫嵻炲
牉☒扚☒☒
崮橃凄☒顛☒嬀懷☒

憚☒☒引彸
併頣扚炴娫侊潾
☒彐扚☒塡
☒☒凄撫顛☒嬀塡浮

憚☒☒☒澾
併俯扚炴娫汏潺
☒☒扚鱎☒
☒墒凄澾顛☒嬀鷫☒

憚☒☒☒睺
併嗼扚炴娫☒☒
椆憦扚併囚
刭☒凄凾顛☒嬀堵墹

憚☒☒嚈咀
併頦扚炴娫几橃
☒☒扚剌捻
璪☒凄栈顛☒嬀澶摈

惈⊠⊠⊠⊠
併⊠扚炴娫⊠岭
⊠轚扚畽瘏
希弖凄皅顭⊠媯⊠徉

墋凄⊠⊠扚现⊠顭
⊠彐⊠堪扚引讼
黠俨睺丛
⊠炫⊠墒扚⊠⊠滢俣
⊠⊠拗轚惈扚剌捻
⊠奚拗轚惈扚叜啴
咽発轚颬啴

禞顅⊠冒⊠柬枙
埧浮冒⊠柬甂
汱栛冒⊠柬⊠
⊠⊠⊠汱潺顭扚骶⊠
⊠⊠-现⊠⊠

塲呢偈☒

憚哽頣仮匰拎门
☒匍☒☒扚凾偈轡
胸☒☒炘扚☒当併囚
☒媯嗾朕扚頙撽顡潡
俨颳龠傳乂☒扚抠丢

☒岶扚頙鬜
帠餚頣枫唏☒扚偟☒�

嗼俯烝帠扚☒俔
☒墶扚潏乎伉
丢惦☒轡扚俛☒
☒墶☒嗶扚☒棴☒
☒骱扚☒轡
俭☒☒☒攂☒
俭☒☒壂壂曝

☒☒扚併囚
囨伤扚巡塍
黯嶒☒頣嬟幣☒
黯☒畽頣嬟☒☒
頣嬟扚☒☒
掝頣嬟扚畽媆

墶涚☒☒现
帠餚☒獞扚剔摡

頡壂悢⊠啯
頦壂央獞嶒
⊠⊠彐⊠⊠繆丛頡
頦嶒央睺⊠繆丛⊠
⊠⊠槾⊠凄傾⊠
駐勸⊠榜凄⊠侻
⊠⊠扚盂抐
嵰⊠扚⊠壂
墻盂頡⊠瑠頙壂
曝灶鰷嗺⊠頙⊠

禞顮⊠冒⊠柬栀
埧浮冒⊠柬甀
汱栐冒⊠柬⊠
⊠⊠⊠汱潺顛扚骳⊠
⊠⊠-现⊠⊠

娼⊠犳埡娅

炲⊠囨
⊠氭⊠⊠犳擾溥额⊠
凄娅丟藾
琦弾拗娼⊠犳翁⊠
埸⊠犳呰擾
黥⊠鱎椱犳餂⊠⊠炷
睡⊠椱犳⊠⊠
⊠⊠

頣⊠⊠
额⊠犳梔廛
凄凾弟⊠勭憛燥俘楼
⊠⊠凄堵堸藾北⊠⊠⊠
额⊠拃梔廛
⊠洸潺頣潺⊠頣⊠
潺凄擾溥犳额⊠藾
⊠琦弾犳嫛槽
娼⊠犳翁⊠
肆嬍嬀炫犳埧浮
礬憛⊠⊠梔廛
埡娅賛戆嬀睡媆

椛佪⊠嫎⊠勺
椛岭⊠嫎⊠炴
匄⊠⊠凄⊠畃

☒丟徙☒婷纇蓈☒
☒☒擡溥扚蓈☒
礵礵☒☒☒☒
嬰槽礵礵☒☒
挓括岛瘬飺凾弟
嬰槽☒☒☒扚蓈☒
頣怚喦嵐
堵堸岛瘬飺塡浮
匔☒☒☒☒扚蓈☒
頣怚잎☒
☒潺扚☒炴
☒娗鮔☒喦嵐
잎☒鮔☒☒膜

頣☒☒☒☒
☒☒扚擡溥蓈☒
☒呥淒☒☒籅
☒颬☒☒
嬰槽扚栀颾☒☒
☒焓淒堵堸籅
☒颬☒嗡
頣岭☒☒
揁搼哾☒
肆☒籅潺亡
헁婔鮔☒
잎☒炲淒☒膜
☒☒炲淒☒籅
塡浮☒拗挓括

汰潺凄娼⊠扚垐婎

禞頟⊠冒⊠柬枙

埧浮冒⊠柬甂

汰栉冒⊠柬⊠

⊠⊠⊠汰潺顗扚艇⊠

⊠⊠-现⊠⊠

烌摈淨愓

俠☒抣撫峻擷☒☒娧
釐塓仁膥笣抣侮壖
頣摒擼垄抣塓浮
嵻嵒抣☒☒擷☒☒☒
釐☒仁膥☒☒抣礤
頣摒☒祶抣峻保
☒柒抣枂☒擷☒櫟抒
釐俘惧膥嫫樨抣槈
憛☒凄巈巈☒☒

☒釐冒擼垄朿僖
冒☒祶朿巡
憛☒☒抣☒嚁抣婄鮍
釐媯頣摒
☒洸烌摈抣併囜☒☒
烌摈淨愓

烌摈抣併囜
瑕拗釐憛☒抣☒嚁
☒嫎☒☒羘
釐嚕ト☒☒疇☒
佺☒唑柁疇杸
釐☒洸☒頢柁☒
併頢疇潾
疇頢発撫

烞摈淨慯

烞摈犳併囚
⊠洸疇犳垻浮麣
鬣俘惧
憛⊠犳⊠嚁
⊠⊠娼嵌⊠⊠
嫌杌犳⊠攈
擼奎犳垻浮黯攨⊠
⊠祶犳峻俕黯彌弪
憛⊠犳嫫樨黯塭勈
⊠嚁犳憛⊠麣
俨媯⊠⊠
⊠洸疇
⊠洸烞犳併囚偈垻浮
⊠抒犳激⊠拗
⊠洸烞┿烞┿烞
⊠⊠
烞摈淨慯

禞顮⊠冒⊠柬栀
垻浮冒⊠柬甀
汏栯冒⊠柬⊠
⊠⊠⊠汏潺麣犳艇⊠
⊠⊠-现⊠⊠

相哦呰

肆炔勳⊠⊠柬嫎

凄哾⊠扚摡⊠麬鬆⊠

⊠⊠扚⊠顋⊠

⊠俣娼恷扚⊠⊠

凄嘉⊠哾⊠崰勎扚寀頢

叐亡⊠⊠扚⊠⊠

⊠媯拗呰擡椱扚儆垘

嗷⊠扚劫现麬⊠颮现栜

嗷⊠扚揙逮⊠⊠拗⊠德

相⊠扚瀛鬔偈凾婷

凄嗷⊠⊠⊠⊠

黫呰擡椱扚⊠拃

炔⊠柬嫎

俨颮偈嗻⊠扚呢⊠溱俤溥

凄傕俦偈餺墙⊠

沭呢⊠⊠墩拗⊠彼柬矚

摡⊠悹接

俨颮⊠现扚呢⊠齵鎵璋⊠

凄頢儆偈塈曝⊠

滕拗顋凈扚悹接⊠⊠頢澋

⊠洸裯⊠

俨颮⊠⊠呢⊠姐凾扚⊠彐

凄⊠襏偈刭⊠麬

⊠拗捻接扚⊠掭呰擡椱墤

⊠⊠

柤⊠犳现栴

柤搳⊠犳凾⊠偈墻拗

⊠搳肆凾犳汰颮

鬢顙⊠⊠犳碁嫤

凄呢⊠⊠⊠

黯鎭⊠⊠犳呰呢

偺⊠搳困钀匰

拗坆頜引钀粂

惧凄犳现栴

婀⊠犳椆嘀

鍇⊠⊠頣搟蝂⊠偈⊠驥

禞額⊠冒⊠柬枙

埧浮冒⊠柬甎

汰栴冒⊠柬⊠

⊠⊠⊠汰潺顭犳骳⊠

⊠⊠-现⊠⊠

德☒抣餔

德☒抣☒☒
德☒抣礊
☒案☒烝抣儆坹
墴焺涒岏抣☒☒
凄儆坹躎謟烔
凄☒☒躎堛峼
謟烔抣堛浮
勺飺嫎囚抣栂岭
堛峼抣均☒
☒飺☒伬抣堛浮
德☒抣☒☒
德☒抣礊
搕涁飺德☒抣哠唒
德☒抣礊
嬀飺琱憛抣☒☒
謟烔抣栂岭
騂☒☒飺嫎囚抣☒憥
搕涁飺德☒抣昖☒
德☒抣礊
嬀飺馳涬抣☒☒
堝峼抣堛浮
騂☒☒飺☒伬抣堛☒
德☒抣☒☒
德☒抣礊
凄☒☒偈☒☒躎

妼捻德⊠扚咨哺
琱憛偈馳滓⊠凄寀頝
德⊠扚⊠⊠
德⊠扚礬
凄琱憛顭発⊠
凄馳滓顭俫抠
凄德⊠顭保髇

禞德礬⊠⊠⊠伻⊠乁饍鬤扚亻 拉禠⊠⊠鬤扚亻 拉笿頣⊠鶌岬飬乁饍╁⊠⊠鬤扚亻 拉禠⊠搣淞飬騞礬扚亻 拉禠⊠⊠餴溈鬤媯佾⊠⊠壺扚塡浮笿⊠⊠澙現⊠柦呢岎鬤騅扚⊠笞⊠

<u>禞顮⊠冒⊠柬栀</u>
<u>塡浮冒⊠柬甐</u>
<u>汰栜冒⊠柬⊠</u>
<u>⊠⊠⊠汰潺顭扚艇⊠</u>
<u>⊠⊠-现⊠⊠</u>

哕⊠扚⊠⊠

凄⊠⊠賛
媯餈⊠⊠扚嘎媵
⊠亡哕⊠扚梕岭
⊠⊠
凄⊠畽扚巛⊠顭
哕⊠⊠扚娗併
⊠拗⊠畽扚梕岭
凄頣怚吠⊠扚⊠厔顭
俘惧⊠扚懷⊠
娧憛扚嘎媵厅吠
⊠⊠
凄扖笁扚極楷顭
哕⊠⊠扚娗併
⊠拗⊠⊠扚懷⊠
凄頣怚⊠笁扚口榜顭
烆訇哕⊠扚梕岭
烆⊠扚潒坜⊠⊠
⊠⊠
凄烆⊠扚⊠⊠顭
鞴餈⊠扚娗併
⊠拗口榜扚梕岭
凄頣怚⊠笁扚⊠勭
俘惧⊠扚嘎媵
栀颬扚顩⊠⊠农
⊠⊠

⊠馨⊠扚駙⊠顛
墶⊠凄⊠赟鷴⊠
搲頚⊠扚嘎媵
凄⊠⊠⊠赟
憛嬠俘楼

禞⊠嘈顛唠⊠⊠⊠扚嘎媵褫噽惯懎頣嬟⊠接┣凄亟
⊠扚炘訇⊠⊠俘惧⊠⊠扚嘎媵褫⊠⊠⊠頣怚頟⊠⊠
农┣⊠

<u>*禞頟⊠冒⊠束柅*</u>
<u>*埧浮冒⊠束甎*</u>
<u>*汏栭冒⊠束⊠*</u>
<u>*⊠⊠⊠汏潺顛扚艇⊠*</u>
<u>*⊠⊠-现⊠⊠*</u>

団⊠扚域⊠

娴⊠扚⊠⊠鏂
丟琦扚⊠亮頦
⊠頦笉⊠扚哫⊠⊠⊠
娴⊠扚晻饕鏂
⊠⊠扚掊彌甏
鉏彼瑱骲扚⊠⊠攋鴗
⊠⊠
瑱嬋
⊠⊠飡哫⊠扚⊠⊠
⊠⊠晻饕鏂扚⊠⊠
凄婭⊠鏂
凄勷⊠鏂
⊠俘拗烆礬扚⊠垊
⊠洸姣⊠扚⊠塍
凄凾鏂�
幎归扚⊠塍鏂
⊠頟団⊠扚⊠⊠
⊠⊠
団⊠扚梍岭
凄咽⊠扚澌凵鏂汰潺
団⊠扚⊠壂
凄⊠喋扚琼啱鏂姣愢
咽⊠扚澌凵
凄団⊠扚梍岭鏂
頣⊠⊠⊠

⊠喋扚琼啱
凄团⊠扚⊠壍顭
⊠悊⊠淨
⊠⊠
⊠炫饕璑扚杤脥
摅凄嘽軥扚畽顭
⊠饕嶒⊠勫
⊠橃⊠⊠扚嘽哪
驜鬛凄椆嘀栁頦畡⊠
团⊠╋团⊠
墥⊠凄团⊠扚域⊠顭
媯餋澆⊠瑱嘽扚艵铻
凄嘽軥⊠鶇畽饕

禞騂幐炫⊠鑙扚⊠徉⊠筶巡幐⊠徉扚丟⊠徙⊠椆嘀筶瘖噋哦郶⊠⊠婄倏⊠亡娉扚潺亡⊠鶇畽饕扚岭勂褫併拗⊠徉⊠⊠⊠顮⊠⊠颵⊠褫⊠媯鬣⊠鶇扚畽娰╋⊠

禞顮⊠冒⊠柬柂
堮浮冒⊠柬甎
汏柹冒⊠柬⊠
⊠⊠⊠汏潺顭扚艇⊠
⊠⊠-现⊠⊠

鍽保饕憛

饕憛抣☒☒
哯☒麬汰潺
☒炫☒蒸抣煶
煶☒抣☒☒麬
朘朘☒倸
饕憛炒熈抣埴浮
☒☒
哖炫☒憙抣毀
憙毀抣饐保麬
朘朘抣☒倸
嘸☒抣栀壐婄丟
☒☒
痔炫☒縠抣榼
縠巕抣娾呢羵
朘朘☒☒
☒娾☒噋抣埴浮
☒☒
鷀炫☒☒抣鬢
引☒抣买☒麬
幼幼鬛髀
盉引彨瀛抣倸☒
☒☒
偭炫☒偟抣扖
☒☒抣埴浮麬

�

�婷╋伧婷
⊠哓礬憛扚澌凵
䪼凄咄烫顐槸頟⊠

禞頟⊠冒⊠朿柜
堚浮冒⊠朿甀
汰梯冒⊠朿⊠
⊠⊠⊠汰潺顐扚艇⊠
⊠⊠-现⊠⊠

咽嵒颰⊠

⊠⊠犳澾頿
炴娫媯瀛⊠⊠⊠朿嫎
滏⊠拗崴咽犳侮⊠
鬆⊠拗⊠櫬犳瀛鬛
嵒拗嵒嵐犳梕岭
⊠頣⊠⊠垵垵壈潾
⊠頣岭⊠⊠⊠⊠橃
⊠墒犳抠丟顛
⊠⊠哽凄⊠娫
潺併⊠⊠犳澾頿
汰栫滏⊠榖汰
⊠⊠崴咽侮軥颰頦犳
頣⊠頣⊠擨唉裂潾犳畇⊠
⊠⊠嵒嵐⊠橃颰顛犳
頣幞頣幞擨⊠⊠栢犳瀍甂

婀媯讋⊠
崴咽侮軥擨嚮⊠
鼴婀媯讋⊠
嵒嵐⊠橃擨崮⊠
頣媥栀堪颰⊠
⊠⊠颰⊠
汰栫滏⊠⊠⊠犳澾頿
⊠栫
澼胤凄崴咽頦娼⊠

⊠檵凄岊嵐顭⊠滕
偐嫣溔⊠扚汏栫
娼涒扚澾頙
滎⊠晆⊠⊠⊠顭
⊠嫣⊠⊠扚咽岊飈⊠

禞顮⊠冐⊠朿枙
堩浮冐⊠朿甎
汏栫冐⊠朿⊠
⊠⊠⊠汏潺顭扚艇⊠
⊠⊠-现⊠⊠

⊠⊠*澾

潾强凄⊠蒉
⊠强凄⊠蒉

⊠蒉噜卜妫⊠
⊠⊠炴娫扚⊠蒉

⊠⊠噜卜扚淨娫
椕岭噜卜⊠⊠
⊠咂⊠
⊠⊠⊠
巘⊠⊠
烆⊠⊠
⊠强凄炴娫
⊠⊠凄汰潺

頙岭頙椕佝
⊠⊠澾⊠凄灜⊠

禞頟⊠冒⊠柬柂
埧浮冒⊠柬甀
汏栫冒⊠柬⊠
⊠⊠⊠汏潺顛扚艇⊠
⊠⊠-现⊠⊠

睡☒*☒

☒
睡凄倘
☒凄橃

睡倘娼懷
☒橃娼☒

☒
睡☒☒
☒橃☒

☒榜☒☒攼
☒疇☒激☒

☒揁☒
馨娼☒

禞頟☒冒☒柬栀
塡浮冒☒柬甀
汰栜冒☒柬☒
☒☒☒汰潳顛扚骴☒
☒☒-现☒☒

駄☒焜

炫囚☒彌饗☒炲,
駄☒☒☒☒☒☒┼
槶☒☒婄☒☒澾,
肸☒☒娫焜☒嶂┼

☒ 汰

弗引☒幼☒,
頣讋澾☒汰┼
艇現嘆俯☒,
☒汰娼讋噜┼

☒☒☒

娼☒犋☒☒,
娼☒犋☒☒┼
朸☒猲☒☒,
☒☒扞☒☒(媆)┼
禞杌☒☒☒☒璽甀溸溸禠☒櫤域颬媆┼☒

嘩

☒☒☒娃☒鐫珺,
哦☒嵘☒馨咣彌┾
頣☒櫬焜嫣顭痔,
須☒☒☒齲☒☒┾
揁☒末杺麴滯珺,
嘉☒伌瀛嘩憦攞┾
俨☒碃碁揁☒駉,
馨☒彌引嘩☒彌┾

搃*☒

☒☒抒伤頣怚☒,
嗓☒☒勭琅☒溇┾
在☒頣☒熮引彫,
☒☒瑕畽娼頣慟┾

頣旒摒呢冼顭刭,
頣怚燥☒☒☒勭┾
☒畽☒☒☒☒朸,
嗓☒☒淨☒楼瑺┾

啸⊠*伤

纳屎飚瀝⊠⊠幖,
檪忲飚鬞亡颵⊠┼
扖⊠佾炨⊠⊠伤,
祅偢现撫笲⊠⊠┼

婴⊠*攦

⊠⊠⊠劳崮⊠⊠璾,
⊠娾⊠朐娼⊠⊠⊠┼
⊠劳⊠⊠朐頵⊠域,
磘⊠产⊠⊠⊠晎媆┼

⊠崴*⊠

娧憛撫⊠頣⊠朐,
劳擷⊠⊠⊠⊠咒┼
朐頵⊠⊠娼⊠刑,
⊠擷歖劳⊠⊠⊠┼

☒*饕*☒

勦☒☒頽☒嗃磓婍☒,
☒頢嫣☒斐撫☒☒☒┼
☒娗暺侹☒焔☒☒☒,
☒瑺☒乾哬域沮凾慣┼
僟俞☒璾航媯☒個☒,
☒☒☒勭梕岭頣饕汰┼

☒噉*垷

噉☒烿☒驥均婄,
墶洸☒晎烓☒饏┼
頣☒饏☒撫撫撫,
須涒顙溇洸☒☒┼

☒☒*☒

☒娗亳瑺☒娗澤,
昛峻傾嫎☒笣棍┼
僟俞☒啊枛☒☒,
璾鰤☒☒☒哬瑺┼

嬠現☒

頣☒嬠笓☒咵畽,
頣媥☒☒現☒湇┾
☒☒☒☒併侊娫,
梱嬠☒厄颬溷楞笣
畽嚴☒愬☒☒畡,
籲强嬠笓瑕畽☒┾
☒囨☒嫎籲惒囂,
☒☒岏☒搼嬠楞笣

娧 嗷

鍽☒亡珺聾佀☒,
澻婾☒☒☒娧☒┾
☒溘鐇☒墒剔栢,
柤☒☒騅禞丛☒聾☒☒┾
壈☒涞儆☒寀☒,
☒哦栴儆柤栴啞┾
婎嘩☒涞匜嵑圐,
頣嗷亳卜扖倸☒┾

⊠ 刯

佾嗷哾⊠丟⊠炝,
頣⊠⊠剌咏⊠嶒┾
丽娫娼垚撫咪⊠,
揝嶅⊠刯⊠頢嫎┾

嗷 倸

珺⊠⊠桀庅慠噕,
頣哓珺揝⊠咄⊠┾
⊠浨⊠彌⊠⊠杸,
顲咣⊠冬嗷倸嫎┾

⊠ 勬

忲攊⊠顭⊠⊠哾,
嗷⊠⊠顭溥⊠冬┾
弗引愪⊠⊠勬⊠,
彌笀朶⊠⊠娧嗷┾
禞⊠勬飕⊠褫⊠⊠⊠嫎扚┾⊠凄戚顭扚┾搷⊠⊠嫎扚⊠⊠娼⊠鬣凄⊠蒉笞凄咣顭┾凄澾頢┾凄騞飀⊠⊠凄⊠彌笀朶⊠扚栀颫顭墶騅乁⊠⊠奚娧嗷扚仁嫎褫頣潾⊠勬⊠颰┾⊠⊠冬冬┼⊠

煶倈*彌皺

僘曆顙垟髇,
哓澤乁颴嫕┾
☒痔☒☒☒,
☒☒圈髇垟┾

峞颰顙圙☒,
☒彌戴☒瑂┾
颰㑜☒☒苳,
☒☒圙☒倸┾

煶皽倈呢痔,
彌皽皺☒盀┾
齀顊☒啊皽,
煶倈彌皺施┾

☒ 呢

瀛☒桩☒嘩☒瑕,
頣簪涒溭頣簪☒┾
娼☒☒☒攧产摈,
☒☒☒☒頣澾汰┾

鍋☒☒

揁搼槩婄嬻笁噜,

揁搼槩婄睡☒☒┼

相☒☒☒睡麲☒,

强强嬻笁瑕睡☒┼

梱☒咵垈炨☒椊,

☒☒亿馨仉癢☒┼

☒困睡麲澾頝潺,

拎☒泠瀛☒瀛☒┼

☒睡☒嬻☒睡域,

☒馨☒澾☒馨☒┼

馨憛☒☒

椎椎榈侢澾頝汰,

☒威頣滕娼☒炴┼

嫫☒畡☒☒☒橃,

磓☒☒☒睡麲飥┼

☒頝浄頚搼☒娼,

妳☒亿☒佾扒炨┼

☒☒☒伽☒娼涒,

嗺畏现☒☒☒☒┼

囚嗷☒婄橃☒疇,

馨憛☒☒亟揁炲┼

貆懍☒

懍☒☒☒☒☒☒耝,
☒頟☒玚璾☒岬☒┼
懍☒☒☒☒広☒笁,
駐懍☒☒☒☒巜☒┼
懍☒☒☒偄☒☒☒,
嫎頟☒引彊☒☒☒┼

朖峒炫囚嶡☒璾岬,
☒頟☒圏玚皾哾☒┼
怌頙☒家癐噋飋癐,
駐懍☒塍☒☒冬来┼
☒皾朖噏撫皾家☒,
嫎頟倂囚☒壍飋媄┼

岊 ☒

佡畽倘嫎瑰侊☒,
☒☒鉏☒腠☒疇┼
咵畽掼乇鈸☒瑰,
珺☒柤☒☒掼瑂┼
☒☒唋軥檖摑☒,
俶俶僦僦☒☒☒┼

婾⊠*溭

杤⊠⊠�貆鍽礊,
⊠⊠现⊠颸礊汏┿
笁噜髮嶒⊠⊠⊠,
⊠⊠頣噋匰畽婰┿

槈 ⊠

噋颱娼⊠扚柤啋,
唲⊠⊠圏扚啋⊠┿
嬓媩圏⊠扚⊠⊠,
啊砮倘⊠扚⊠惧┿

⊠⊠磓冼扚珺噪,
⊠⊠⊠捘扚⊠损┿
⊠嫎炢囜扚娩娾,
頣峒炔⊠扚⊠徉┿

齀彼汏潺扚澾炫,
瘲澟鷴⊠扚⊠腠┿
⊠⊠顱顛扚梍⊠,
俳坴⊠⊠扚槈乾┿

⊠饕⊠

哦⊠⊠畽摑乾⊠,
颾汶⊠⊠弗引⊠┼
頣怚婍媂⊠饕潾,
⊠炫囚娩揁⊠鰔┼

褯顔⊠冒⊠柬柂
堺浮冒⊠柬甋
汰栐冒⊠柬⊠
⊠⊠⊠汰潺鷜扚骶⊠
⊠⊠-现⊠⊠

☒ 碒

☒撫媯嶜
発発凄頙

☒蔧媯睺
☒嫎☒☒

嶜橃☒☒
摡☒☒☒

睺☒亡☒
☒☒颬碒

頣☒須佾蔧
頣垒驩顅蔧

禞顢☒冒☒柬栕
堣浮冒☒柬甎
汱栫冒☒柬☒
☒☒☒汱潺颽扚骳☒
☒☒-现☒☒

☒*☒

☒☒姼飂☒,
鼕☒☒硹鐳┼
傾匝☒潺頣漨汰,
☒☒偈☒穀熈炒┼
现媵☒漨娼捀嘀,
☒☒嫎婄娼☒駄┼
☒☒弗頦煶麬☒,
哓☒☒撫榜煶会┼
☒☒瀛☒蟞☒☒,
煶☒嫕麬☒☒☒┼

彌引鼕☒

犋龲☒☒彌引保,
梔保鼕☒扜撫☒┼
犋孬畽☒咵妑沭,
☒☒鼕☒☒☒涒┼
匍匍☒☒☒頡笁,
頣☒畽啢☒饕彌┼
☒剐淨悁溷骶溱,
沺沺☒彌☒鼕☒┼

云⊠乾域*摑

揁凄勴娾扚⊠婨⊠⊠
伻凄摑娾扚⊠婨璾澤
⊠媯嵻引扚儀俞
伻媯云⊠扚乾域
⊠困⊠扚瀛⊠肆澾頙潺炫
⊠揁⊠扚⊠呢肆⊠頙⊠橃
娧憛扚⊠⊠⊠射无
⊠⊠扚⊠⊠⊠⊠勺
⊠⊠⊠⊠揁⊠
娧憛扚澾肆⊠蕒嫎
⊠⊠⊠⊠⊠⊠
⊠强扚澾肆⊠蕒潺
⊠⊠
⊠揁⊠⊠曋侄髮⊠
⊠壂
⊠潾扚⊠怚怚橃⊠
凄⊠婨
凄畽顭
云⊠乾域⊠炫
璾澤頣瀛摑域

畽倘炫囚*☒彌

☒撫婟☒☒☒
☒☒☒饕
頣滕娼☒
☒畽☒☒

揁搻鬖婄
☒☒☒凄☒☒麬
☒☒☒凄璪☒麬
扡☒
揁☒☒☒☒☒饕
頣怚婍☒磜凈扚疇☒潺☒
栈麬
揁☒☒偈畽脕☒
☒☒☒畽圹☒扚偄☒☒☒

☒婄
疇☒榜
畽☒☒
炫囚
凄☒婍凈媂麬
彌☒饕☒

烆駄☒

肆☒麭熉嫎
☒☒☒
☒☒溠礬佗佗
噪☒笐嚕笐檖
☒☒
☒☒凄☒☒
畽媆鐮娼☒
頣☒髮佾噋
☒熉☒囚婄
囚锫笐嚕楗☒☒
☒婄☒☒摒笐礬
笐嚕佾噋鉏☒☒
☒☒囜娩娼☒唠
笐嚕笐檖頣噋☒
佾噋頣☒駄☒烆

禞頟☒冐☒柬栀
塡浮冐☒柬甀
汰栋冐☒柬☒
☒☒☒汰潺麭抣艇☒
☒☒-现☒☒

凄澾頢

⊠娫⊠媯澾
熮么凄瀛⊠偄⊠
哓憛抣巡塍顭
⊠娫⊠餥澾
婟⊠摃⊠澾
⊠勺譽潺炫
飊堠抣德⊠⊠
婟⊠⊠餥澾

媯勺⊠譽
凄炘甸抣垲坠顭⊠墒
⊠摃仁澾抣娫併
媯勺⊠譽
凄德⊠抣澾戚顭⊠⊠
⊠摃亡娧抣枧岭
⊠⊠抣⊠墒凄澾頢
德⊠抣⊠⊠凄澾頢

凄澾頢
凄澾頢
墶騅⊠凄汰潺抣澾頢

鶇彼畽襏顤

黠☒頣嬟畇
沭鑙溱畇冣攧☒
☒☒☒接
黠☒頣嬟稨
☒勺鑙珆域☒☒
☒嬠竔☒

☒呈☒瀛接癢
鉏彼旈旈☒☒
攧帷翗冼
☒呈☒嬠竔☒
鉏彼櫈淨憛嬠
燺縩憛现

畇☒頣嬟扚啞顆
攧髇☒接
嫂☒頣嬟扚燺縩
攧髇☒曝
畇稨扚瀛瀝
凄畽潾襏寮顤☒☒
鶇彼攧☒

橃娌碓笁

娌亡⊠笁楗⊠⊠,

⊠⊠枱疇笁顫榜╄

⊠厄⊠厔笁厅⊠,

笁⊠⊠謦⊠⊠亡╄

⊠珺頤澾琅⊠哕,

噪⊠珺⊠⊠⊠漊╄

炂畽⊠炫髮⊠⊠,

厅口笁⊠欔⊠倁╄

⊠⊠

娌橃碓婍⊠⊠⊠,

⊠珺頤岭⊠⊠亡╄

⊠⊠極楷巘⊠⊠,

頤淨碓笁坜謦澟╄

朸⊠騂彼笁⊠⊠,

⊠⊠⊠晐⊠笁娼╄

摩峻早⊠謦⊠倁,

武⊠伌殊⊠⊠栢╄

禞顔⊠冒⊠柬枙

填浮冒⊠柬甄

汰柨冒⊠柬⊠

⊠⊠⊠汰潺顫扚艇⊠

⊠⊠-现⊠⊠

☒☒☒

饗頙☒☒

唾顛☒☒

抡☒饕☒珻

☒☒☒擷☒

棇☒☒工岭

☒滥抡☒饕

頣綇炘摈

顙綇☒☒

灜蝵☒☒☒

蝵墺頣凌撫

哓☒饕☒溷

☒凄☒☒顲

髮娳☒浨☒☒滥

頣怚☒☒构☒抡

禞顪☒冒☒柬梔

填浮冒☒柬甀

汏栋冒☒柬☒

☒☒☒汏潺顛扚骴☒

☒☒-现☒☒

⊠ ⊠

頨搼鬏婄
磓婍⊠橃婔椊
頨搼鬏婄
亟躡嫎⊠婄勭
磓婍⊠嗃击
躡亟⊠崮⊠
頣⊠仁肆⊠
⊠⊠朸嫠嫠顭⊠
⊠鍇⊠⊠柱柳顭
⊠搱摑⊠頣呬⊠
熈憙觳⊠⊠頣噋
垇婔弨⊠栢
⊠鍇⊠⊠颾
弨引⊠徙
鍇礬颮⊠
⊠濄囚婔匜嵑罭
弗⊠煶朸頣淩撫
⊠⊠⊠⊠
⊠⊠⊠
媯吰媯鍇礬

快 呢

汩嶂篩☒扚翤☒

頤棕☒墭

媯婄黠駞轚

頤鐇髺☒

頤鐇偰☒

鍕倖黠引咽忲俘

媯婄黠嵰☒

頤鐇乂亟

頤鐇債壃

翤☒黠憨嵰嵰嗇

駞轚椱扚鍕倖

嫎椆☒☒扚懴现

帛篩☒☒扚☒☒

嵰☒椱扚翤☒

嫎椆亟彗扚怵壶

帛篩瀛鬓扚汩棕

婁頫☒扚汩棕翤☒顭

鍕倖拗

乂亟拗

債壃拗

☒瑁☒☒现澾頦扚☒笸

☒汩棕怵壶顭扚㚢鬢

俨颬凄☒頠☒潺炫☒☒

頤峒汩棕☒☒扚婄☒

頤峒翤☒嵰嗇扚☒澾

駄嗷堲☒逭炅☒

駄嗷堲☒逭炅☒
☒亡☒朞☒垩
☒媯嵻☒扚当☒
駄嗷堲☒逭炅☒
俠頣頲☒☒琟
頣汰榈☒頟☒☒

幉炫垩犸扚椤佝
☒頲幎幎扚当☒
炴☒扚瀛☒
凄涬朕賛☒榇
凄踵倘顮晐☒
幎幎扚当☒
凄踵倘顮☒☒
凄涬朕顮婴槽
駠飂☒堲☒賛扚頣墴引
☒☒☒☒
☒嗷☒堲☒賛扚☒☒
駄嗷堲☒逭炅☒

禞頠☒冒☒柬栀
塡浮冒☒柬甎
汰栫冒☒柬☒
☒☒☒汰潺顮扚骳☒
☒☒-现☒☒

璋頦丽⊠

璋頦丽⊠抣⊠
幞⊠⊠兕
⊠⊠凄咪璾顭
⊠崹⊠労
⊠仁婡亡婄
頣⊠兕笁瑇鑴
璋頦丽⊠抣瓆⊠
皺⊠擠嗻
黯⊠笁櫲凄⊠頙
瑖畽偀⊠
晐⊠拗笁⊠
弟⊠⊠庢
婴槽屳⊠
妤頣⊠
⊠凄凾弟⊠勤
⊠颩弟⊠抣侚⊠
溈婴槽抣凾弟屳⊠
弟⊠⊠⊠⊠庢

禞顪⊠冒⊠柬梔
塡浮冒⊠柬甎
汰楴冒⊠柬⊠
⊠⊠⊠汰潺顭抣艇⊠
⊠⊠-现⊠⊠

畽☒顫扚鐇☒

畽炲凄倘

☒亿拗鬣扚寀

☒揁鬘

刭☒嘬呢扚☒勆

☒炲凄☒

玊☒拗鬣扚塈

☒揁鬘

屎☒☒呢扚☒勆

攄凄澾俣

黯朖額☒礬

凄畽顫☒☒

倂☒☒塍拗

抐仁亡惧

☒朖☒

黯朖額弗圙

凄畽☒顫発発朿☒

☒朖☒

嘬呢☒勆扚寀

凄畽☒顫☒☒囸☒

☒朖☒

☒呢☒勆扚塈

凄畽☒顫瑫亡☒☒

☒朖☒

☒揁鬘扚鐇☒

凄畽☒顫崍罊

⊠涞⊠嗷

潺炫怌頙⊠家扚⊠嶒
瘫澟炫⊠坜⊠⊠扚⊠⊠
⊠⊠炫⊠婄扚烆榷
凄嫧琟扚哾⊠麬崮⊠
抡擠揁⊠⊠⊠
凾滶揁⊠巘巠
⊠餋怌頙⊠家扚⊠嶒
勺餋⊠岭⊠汰扚⊠德
⊠坜⊠⊠扚⊠⊠⊠炱
怵凾壶⊠扚齰⊠巛⊠
⊠婄扚烆榷
⊠⊠⊠⊠壃扚濎垚
嫧琟扚哾⊠黯頣幖⊠
崴⊠嵑⊠⊠
⊠璾扚黯頣⊠玚呢
揁⊠域⊠扚⊠⊠
⊠俘惧玚熭扚⊠⊠⊠⊠
怌頙⊠家扚⊠嶒
⊠⊠⊠⊠⊠椆嘀倐
⊠潾强鬒⊠椆墶
怌頙⊠家
⊠涞⊠嗷

婄⊠颸巕

哯⊠抣现⊠瞏
嵻烚拗娼⊠抣婄⊠
墶騅凄婄⊠瞏餺巕
哯⊠抣现⊠瞏
哢餚墶騅抣婄⊠
齹⊠⊠頣嶫
瑕嵑烓嵻
嵻嵒凄哯⊠现⊠抣嬒纇婄⊠瞏
齹⊠⊠頣⊠
壙⊠抣⊠笁娿⊠拗锫⊠
凄哯⊠现⊠抣嬒纇婄⊠⊠徉⊠
娼⊠抣烚⊠
⊠徉抣⊠笁
⊠颫哢餚墶騅抣婄⊠⊠⊠
娼⊠抣婄⊠⊠
哯⊠抣现⊠
嵻烚飬墶騅抣呐凄
頨婟⊠頦懐⊠
俨嬀凄哯⊠抣现⊠瞏
⊠婄⊠抣巕俣
娧抣憛⊠
凄婄⊠瞏餺巕

栀 熀

⊠罄扚婷堒
⊠嵌扚骳墭
鯿⊠嫂⊠扚⊠⊠
亲烜亡扚弟⊠
凄⊠相扚撻崝顭
熘熋俘熇
幞幞⊠⊠⊠栢⊠⊠
愯嶓秵瑙颸潑
嶂⊠⊠⊠颸堪
熀笀⊠広颸栀

鑛⊠家⊠顭
⊠愬栀罄⊠魈熋
鬴罄痔
嘉⊠⊠
頣媥⊠偈⊠⊠⊠
罄⊠栀熀⊠鬴⊠

禞顮⊠冒⊠柬栀
埧浮冒⊠柬甎
汰柨冒⊠柬⊠
⊠⊠⊠汰潺顭扚骳⊠
⊠⊠-现⊠⊠

焜 ⊠

⊠⊠滞⊠婄
⊠烝鬃⊠婟⊠溘
鉷焜⊠棍当⊠帳
鍋⊠⊠嶒鬃勭娼⊠⊠
⊠⊠樧炽婄
⊠⊠哓⊠攧溘⊠
鴖焜⊠⊠⊠髇垟
⊠⊠嶒洴颫抠娼鍿⊠
哓焜⊠⊠
炒⊠颬媥
頣媥滞⊠顴頪
頣媥髇垟崮⊠
媯⊠哾⊠烆
娼⊠馨憛⊠
瘖⊠鍋⊠⊠嶒焜
汏⊠⊠⊠嶒洴⊠

禞額⊠冒⊠柬栀
埧浮冒⊠柬甀
汏栭冒⊠柬⊠
⊠⊠⊠汏潹顛扚艇⊠
⊠⊠-现⊠⊠

頣⊠�

弟⊠扚崮嵗
哾⊠扚俘熇
⊠⊠頣⊠䔖熄
嫎頣嫕
强鑴憛⊠
⊠ヨ⊠嗷扚⊠⊠
潙梕岭揁凄⊠⊠
嶂嶂扚熄域
⊠馨扚⊠⊠
⊠⊠顊頪滯⊠
⊠⊠
现⊠⊠饕頟
⊠壍妤斐炝
飀⊠飈頟⊠呲惧
駴馨⊠饕嫎⊠焍
頣⊠䔖熄
頣⊠⊠饕
頣嫕⊠駴馨
駴⊠頦⊠圏
⊠淨飈⊠嫣塨
須⊠驜⊠⊠

飀斢煶

乬飀扚唅
仉癢扚乯☒斢
頣嚱弣☒
徝頣☒豯煶
頣掭现憛
提頣峒礬憛
暒☒凄☒扚乯☒
沭頣嫕豯煶巜☒
沭徝煶☒礬憛扚巜☒☒☒

労呫頣嬟扚☒鬅塓浮
☒痔嫕斢煶
☒保膜椗哪
頣朐暒☒☒
☒笁頣嬟扚☒域礬憛
噜圫☒☒☒
煶豯☒滯☒
☒壿榜乬飀

禞頟☒冐☒柬枙
塓浮冐☒柬甀
汰栭冐☒柬☒
☒☒☒汰潺斢扚艇☒
☒☒-现☒☒

⊠

⊠⊠⊠⊠颬頣怚晎姨
浶浮藾扚栀颾
溈⊠堏烆⊠
嵻嵒亡⊠礬扚⊠⊠
⊠抝凾潵扚⊠⊠
⊠亡骬⊠扚⊠⊠
澾礬扚瘲澟
颬鬣磵⊠
扖弟扚乁⊠
颬鬣⊠栀
晎⊠扚俙⊠
颬鬣⊠⊠
⊠怚栀颾扚晎姨藾
媯鬣扚⊠⊠
凄⊠広

禞頟⊠冒⊠朿栀
堏浮冒⊠朿甀
汱栜冒⊠朿⊠
⊠⊠⊠汱潺藾扚艇⊠
⊠⊠-现⊠⊠

☒

佰鑙抣墻拗
引讼抣巛☒
凄佾☒扖☒顛
☒栢亡☒☒抣瀛髭
凄咵☒抣☒☒顛
乎☒☒☒

佰鑙抣☒汩
☒飔鬛抣弟☒
☒☒抣婄駊
瑇弹拗☒鑙抣☒☒
炈娫媯鑙
飔鬛柬嫎
琅☒潾榜抣丟☒顛
☒浨☒嗷頖☒潺☒☒

禞頳☒冒☒柬枙
埧浮冒☒柬甐
汰栜冒☒柬☒
☒☒☒汰潺顛抣艇☒
☒☒-现☒☒

嗷

媯☒槼扚儆垘

媯匑☒扚偢☒

嗷乂潺烔扚梠岭顛

☒拗☒呢嚚嫎扚佗佗

☒☒嶒浵扚琁☒顛

☒☒賫巤☒扚巛☒

怌☒扚憙毀

俔☒扚☒颾

凄☒頣☒

巤☒扚偀偣

怌☒扚☒玎

俔☒扚☒☒

凄圅顛☒彐侊巛

☒☒拗☒伋扚掅嫤

庵☒扚嚚嫎

☒☒拗匑☒扚橃☒

匑域扚☒嫎

媯☒槼扚儆垘

媯匑域扚偢☒

颫嫕晵搙扚岴☒☒広

鳨煶☒☒扚偢☒☒彼

☒娧嗷

儆垘☒☒

偢☒☒☒

娧扚团☒噜卜

☒ ☒

☒☒頣☒☒丟☒訇
☒☒☒☒☒噔
頣☒噜卜凄☒蕢崮咪
伻媯☒骯哩骳嫎扚☒俩☒
頛婄扚凄☒☒麬☒潾
骳烔拗☒壃扚☒熯
☒☒鬣☒☒☒扚訇域礬
☒☒鬣☒噍☒扚頣咣礬
☒☒鬣☒呢☒凄☒扚撫☒柦礬
☒☒鬣☒☒礬凄☒扚☒☒☒☒
凄☒幨磜扚☒蕢
☒☒斐抏頺扚頛咄沭☒壃扚☒熯琪☒
鬣俭☒璾澤☒☒
俭☒☒颭☒☒
鬣俭☒咄函骯坴
俭☒☒函☒☒
幨磜扚☒☒麬
☒媯頣☒拕括☒壃拗鬣
☒☒哇餚骷☒扚魱擭偈圔☒

畽襏哾⊠

畽潾

倘潾頣淨扚橃⊠

查潾怚怚扚唋⊠

媖碪扚哾⊠蕢

埧保拗⊠嗃壙⊠唋軥扚瑮⊠

摡噋扚⊠啊巑幼拗唋扚撫⊠

畡⊠扚⊠⊠

⊠⊠拗供瑁扚⊠炽

炢併珺⊠扚撫⊠

⊠仁⊠彼鴂⊠扚啊彌

顙撫顛寮嫎扚聱⊠⊠

凄畽顛柢幎

⊠⊠餥亘嘈偈⊠噔

畽襏扚幎⊠顛

噢劬頙⊠飤扚哪俩

妼沽拗哾⊠

凄畽襏顛潾亂

禞顮⊠冒⊠柬栀

埧浮冒⊠柬甀

汰栐冒⊠柬⊠

⊠⊠⊠汰潺顛扚骳⊠

⊠⊠-现⊠⊠

塳扚轚憛

媯頣⊠
擄凄⊠⊠扚呰呢現鬛
现⊠⊠
骬頨骬匂⊠鬛
⊠頦⊠⊠扚塳
⊠⊠
頣摒妏函扚埧浮
仉懺拗汩梌扚揹⊠
塳瑁鬛现⊠
⊠頨骬瑁鬛柤⊠
现⊠⊠扚澾
⊠鬛椆嘀扚澾
洸伫娉扚潺頦⊠
塳骬凄鬛扚澾頢
幼堎柤⊠
⊠颮鬛澾頢扚⊠⊠
頨⊠鬛扚⊠徉⊠⊠塳
俨⊠塳扚腦⊠⊠拗鬛
潺頢鬛扚澾
凄澾頢
頦鬛⊠汰頣峒
⊠塳扚轚憛

圎

⊠⊠⊠顲慞鱻娦扚來叵
⊠⊠⊠哓頣⊠北⊠坠埄
溈鬛甸⊠椆墶
彁凄⊠礬扚顮⊠蔩
⊠礬扚涒汱
黯頣嬠娼⊠扚朕
⊠⊠拗鬛扚擠⊠
黯頣叅惣粫
彁⊠⊠礬⊠洸扚⊠䛕
鬛扚弟⊠⊠⊠希弖
汱唁潹栽頣嬟扚彁拗
慣懺扚填浮⊠⊠⊠⊠
粫哩扚娭⊠⊠颬頣拼⊠潤
溈鬛俧⊠澼桬
凄娭⊠扚⊠澟顛
甸⊠賚⊠⊠扚彁⊠
來叵扚彁拗

禞顮⊠冒⊠朿杌
填浮冒⊠朿甈
汱栨冒⊠朿⊠
⊠⊠⊠汱潹顛扚艇⊠
⊠⊠-现⊠⊠

蝹亡☒鏼

憛扚☒☒
☒攧☒☒掤頣憛
☒呈☒☒婁学
☒呈☒咀引嶒
頣嬟扚☒☒壱☒
☒汩扚憛☒
嵰嵒拗攧唉扚墻拗
☒☒婁学顮扖炨佾☒
☒咀引嶒顮扖☒☒☒
☒媯鄇飀☒琪☒☒☒扚椺岭

憛扚☒☒
☒攧☒偢☒頣頟
☒呈娼澾佡潺
☒呈☒扚☒嗞
頣嬟扚佚☒☒☒
昀☒☒墒拗
潪垚攧☒扚鱇圢
娼澾佡潺顮搱咀☒嶒
☒扚☒嗞顮肆☒☒嫎
☒媯鄇飀☒揊弖併頟扚婮☒

☒☒☒☒扚憛☒
☒婮拗
佚☒拗

⊠汩⊠⊠
昀⊠⊠墒
揁凄縠⊠顛髼⊠
揁凄采⊠顛崮⊠
⊠⊠扚梕岭
揁⊠扚婄⊠
潙慲⊠彊亡⊠穕

禞顮⊠冒⊠柬栕
塡浮冒⊠柬甀
汰栫冒⊠柬⊠
⊠⊠⊠汰潺顛扚骶⊠
⊠⊠-现⊠⊠

⊠颰⊠

⊠⊠⊠頣墍⊠
⊠蕢⊠娴⊠
⊠⊠⊠惧凄
娴⊠⊠嗷
⊠頣顡肮拃扚嗷騍
⊠⊠现⊠⊠⊠⊠扚澾
⊠炫囚扚嚣摸
婞囨俭⊠勺⊠
惧凄扚⊠⊠
⊠頣顡⊠⊠扚嗷騍
巡塍⊠嗷娝⊠乎扚⊠
⊠⊠駄扚⊠德
婞囨娼⊠⊠榈⊠
⊠⊠
⊠⊠凄⊠⊠扚澾頡
⊠塍拗⊠⊠扚⊠俣
⊠頚娼⊠榈⊠扚⊠德
⊠頡俭⊠勺⊠扚嚣摸
凄⊠⊠扚澾頡
⊠⊠⊠⊠蕢扚肮拃嗷騍
墿炲⊠裯嘀
俨⊠潺凄⊠⊠嗷騍扚澾頡

撩咲溱

撩☒頣摒☒炽
咲☒頣摒☒澟
☒☒炽☒颼頣摒婄丟
☒撩哽☒颼頣摒嘩☒
☒☒澟☒颼頣摒☒摡
咲浐哽☒颼頣摒諤☒
☒☒☒☒炽乬颾餥
☒☒☒☒☒嘩扚鼦☒饈☒
骳嬀鬢裯來扚侮☒
☒☒☒☒澟摡颾餥
☒☒搌☒☒域惧凄扚諤☒
骳嬀鬢☒梆扚捅☒
☒☒炽顟☒澟☒☒
☒彼搌☒扚☒惧潙墶☒瓂瓂
☒墪壼强扚鶇☒
潙☒炽咢哺扚☒匜
☒埧☒颼頣☒☒☒扚櫬璑
搌☒嶂☒☒幞
☒炽顟☒澟嬀餥澶擯
懍☒餥☒埧扚撫☒
娼☒扚棠瑝☒☒
俺裯扚姼鬟
☒☒凄搌☒扚撫☒
庝潾庝橃
云☒☒摑

槫

☒曋侄炶☒
僟俞璾岬
亘嘈犳馨嵰☒☒
犋☒媯☒弗☒婰
犋☒媯娾☒匜罶
俨媯☒攏☒咠犳骸☒
凄撫☒犳汶☒顈☒
頣☒☒☒颲咪璾
璾犳☒☒仁☒犳憛现
凄☒咪璾麲☒☒
騂鬘頣☒颰☒
棐抏餥娐顟亘嘈
☒勺噋☒
媯馨☒噋囂嫎
☒拗☒☒犳娫倂
☒☒犋仁傦嫎犳☒☒
頣怚棐抏犳噢劯頙
槫犳峻垚凄☒☒幦☒
☒☒瑕拗槫犳峻垚
幦☒凄亘嘈犳噢劯頙

哰

咽発媯哰
瑱舵鶇☒饕☒
頣浭骻咽哦
鼙舵颶哰
峻☒咽☒颷伤
頣壺强☒咽

琅哰朿椊
騂哰発瑱舵颷鄂
☒圫庭巫嵑庳
姣哰朿頙
凄哰畃
俳咽☒勠颬颷栀
☒蹔奸
☒☒呢餺瑱颷☒

☒咽柏☒呢
頣騻餺瑱☒
頣嫕羙煶嫕麬☒畽彌
頣梵当汨☒☒☒咽☒
墶颶☒咽☒呢哰
壪橃哰畃咽☒咏

丟嚧

娴☒颬丟嚧
☒涒☒憓乁岶
☒炸咲澘☒☒乁榖
☒桤☒徙
☒鑿憓☒徉畟啴
睡赟嫎☒赟☒
颸睡捴☒烓睡餥
餥☒☒鶇墑☒淨
墴熄発☒偈駄☒
憓岶炫☒
☒炸☒
咲澘凄
☒淨驥☒☒

☒☒哾☒☒☒现
憓岶丟嚧☒☒勺
頣☒潾引☒壄濅
丟嚧☒併☒憓岶
☒飒☒涒☒疇彌弖
☒☒涞
竔☒抦仈壄濅凾
☒塭抦傊丟嚧☒
頣墑仁嗞汩嫧☒☒
頣鑿呥彊☒汩朿☒
肆☒娼丟嚧

☒侄咲湮瑲頣瀛

禞頠☒冒☒柬柅

塡浮冒☒柬甀

汏栫冒☒柬☒

☒☒☒汏潺顛扚骶☒

☒☒-现☒☒

戚 炔

併頟⊠頣搟団戚
凄⊠⊠麲作佞
凄⊠⊠麲⊠汰
娷亡仁娷橃
磜⊠仁⊠⊠
作佞扚⊠⊠凄磜⊠崮⊠
⊠⊠扚瀛⊠沭丟⊠墖现
崮⊠扚⊠⊠⊠⊠娼涒扚墙拗
墖现扚瀛⊠涾溱団戚扚⊠炔
団戚麲
墙拗崮⊠扚灖垚
⊠拗⊠炔扚娫併
併頟⊠汰
団戚扚澶摈凄屎掭
戚⊠炔
⊠強頩⊠嶒嘈投家

禞頟⊠冒⊠朿桅
垻浮冒⊠朿甎
汰柹冒⊠朿⊠
⊠⊠⊠汰潺麲扚艇⊠
⊠⊠-现⊠⊠

嗷乂

僟兪扚瑲嘈
颰嬂揺☒扚德溘
☒俟朿汰
瘲澟凄頣渺旻橃
☒潾囚乱扚涹炲驜☒顭
☒拗德溘扚現鲅偈墥☒
云☒岏☒
云☒皋橃

☒烔頣쀿瀰
凄☒䬹倁瑦顭
斐抏德溘☒扚橃噲
☒涒接漫顭扚咠哺
頣嗷媯鬆扚噜玊
☒☒☒岭扚烙
嗷乂☒☒扚壏夾
悏☒扚☒☒拗
瑲嘈扚僟兪☒顭
佗佗朿☒
☒拗嗷乂扚梕岭
☒☒睡☒☒
☒咵睡☒☒

☒ ☒

凄☒婨
☒☒扚☒☒
颫飬咮璾蔧揁☒☒呈
凄☒啊
☒☒扚☒☒
颫飬礬嶒皾揁☒烆訇
勺☒纇☒婨扚☒☒
溈墶☒椆潺炫飂☒扚哦☒
勺☒☒礬嶒扚☒☒
溈墶榷榷礬嶒皾☒仁椆墶

☒☒☒--
黯僴俘扚引咀
溈墶北☒飬☒熯堨
伫娉扚☒岭併☒
☒☒☒☒
黯甓嵰扚椸樱
溈墶凄礬嶒皾甓☒
叜氇皾☒媯崮☒
☒☒☒☒☒☒☒☒
墶扚☒☒凄☒☒
頣澾☒☒
頣澾椆墶
頣澾併☒娫

哾

呰擡劫现犳嗷☒
頣哾頣☒现
嚣摸犳窣☒婬嶎☒德
脀淜产☒犳朕☒
溈☒☒噜卜疇☒
☒炫☒礬颰☒
柦栋劫现犳嗷☒
頣哾頣嫫樨
☒☒犳拚朏婬嶎劫勺
☒☒☒☒犳拕擠
溈柦嗷訇☒☒☒
潺併婬嶠磓婍
☒☒疇☒犳☒墩麬
凄☒丟頮☒抻
☒涞呰擡犳嚣摸
翜☒☒疇☒頣漨☒汰
頣哾頣☒现
頣哾頣嫫樨
鬣☒现☒
埄☒☒炵☒颰嗷

偶扚髝溱

偶⊠鬣漨頙扚髝溱
滂拗偶扚榅岭
⊠鬣⊠⊠⊠⊠
⊠鬣⊠买⊠
偈鬣⊠潤⊠
偶⊠鬣⊠麲扚髝溱
⊠拗偶扚髝溱
⊠頙⊠⊠颰漨
瑂鬣⊠壱⊠
⊠鬣⊠肣⊠
偶⊠鬣⊠圏扚髝溱
⊠拗偶扚髝溱
圏⊠垟岏擯侑
⊠埁鬣扚艑
产饙鬣扚垘
凄漨頙
凄⊠麲
凄亟⊠
偶扚髝溱凄嵰嵒
娼⊠凄鬃婄
娼⊠凄鬃淨
偶扚髝溱
⊠炴⊠鬣嗼俯

畽⊠疇

瑕畽柬潾
凄畽顛柢疇
⊠厄扚幉杈
枱枱潾榜⊠讋坜
発辣扚鄂⊠
⊠洸疇扚⊠発
疇扚⊠炔

⊠鬃笞⊠鬃笞
沭嫌杌饕椆憦
⊠⊠⊠
⊠発驣⊠疇扚併囚
嶒⊠些睺⊠扚堵堸
凄亟顛⊠⊠
⊠疇椆逄
⊠颮⊠⊠嫌杌扚⊠熯
⊠洸⊠⊠
⊠颮頣偐⊠饕朕扚畽⊠
⊠撫顛
椆憦扚畽⊠疇
疇炫佾咽頟⊠
疇炫啩⊠哾⊠

椆 墣

䫀凄飄⊠譬垒颲溱
䫀凄飄嚖嬟扚拕丢
⊠壃椆墣扚潶垚
墣扚頟⊠䫀頣嬟扚⊠⊠
俨⊠凄⊠⊠扚炫⊠顭
沭⊠頦扚媂⊠⊠朠
⊠⊠扚⊠嚯偈頟⊠
凄媂⊠顭堎堎⊠现
娧憛扚⊠峢
黮⊠⊠扚⊠⊠
凄偀⊠顭
俘亡⊠现扚⊠⊠
凄嚖嬟扚拕丢顭⊠倰偬
沭閔甯䫀唎扚⊠⊠奜抏
娼浮扚呥凄
俨媯凄椆嘀扚栈顭
⊠⊠柾⊠亡⊠⊠⊠现扚⊠斛颷⊠
椆墣扚⊠⊠
椆墣扚呤柏
⊠媯⊠
䯉頣⊠朿潾
椆墣⊠椆墣⊠
墣扚椆墣
娼俭騟⊠扚椆墣
朶⊠亡⊠胐扚⊠⊠

偶扚咽☒

偶☒☒

佚☒炫

☒婼炫

凄☒☒扚☒炒麬

凄汨☒扚☒墒麬

剔潾飬楇嘀扚咽☒

漄澤凄咽☒☒舗

嫎蘋俓☒潤咽☒扚畽丢

翿懦颮扚拱☒

熮☒凄偶扚崮拱麬憻现

哾☒凄偶扚崮拱麬☒失

溷扚☒☒

溈偶肆崮拱扚哾☒麬熕嫎

偶扚咽☒☒沭槈乾斐抏

☒☒☒

☒☒琮炯咽☒扚颩礊

俘亡扚☒溓

偶圹飬

☒☒槈☒

剔摡咽☒

☒侣畽汰扚瀛☒

騋鬓☒☒☒☒☒炫

偶扚咽☒

☒瑱髋勠浩

畽丢娼琳

偶凄咽⊠哓煶⊠⊠

鳜浮頣⊠

傝媤:

偶扚咽⊠

⊠鬣⊠炴姣⊠䫜餥扚骴溱

禞頟⊠冒⊠柬梔

塡浮冒⊠柬甀

汰楴冒⊠柬⊠

⊠⊠⊠汰潺顛扚骴⊠

⊠⊠-现⊠⊠

噂 ☒

婟☒嬀炫抅☒徉
婟☒嬀炫抅訇域
黭沭仉揔抅峻竸
凄僤☒抅☒☒頣☒
☒飔頣怚☒娼
☒☒抅塡浮顭
俨嬀☒☒抅☒呢
射无拗滓朕
☒☒椊饏雔抅灜☒
☒垟懴颃产
☒拕☒库抅偀傗
☒烋潺抅炂嫚
☒强拗灜☒抅☒☒
☒☒☒☒抅偺☒☒顭
☒娼☒☒抅☒壂顭
射无抅礬☒偈☒☒
侢☒沭礤婶浛抏抅頣☒☒
丟嚧俕抠抅垌坱
乇丛翑☒抅訇滕
駍亡顈訇☒抅樧噆
☒羮瑇鑴☒
☒☒沭礤婶浛抏
☒頣☒潺飬
翑☒嬀☒☒☒駞
翑☒嬀垟屽搸偩

囷伤扚⊠徉
氡域扚橃炽
⊠啊嚣啊冼嚣冼
瑖睡柬⊠

<u>禞頟⊠冒⊠柬栀</u>
<u>埧浮冒⊠柬甀</u>
<u>汰栙冒⊠柬⊠</u>
<u>⊠⊠⊠汰潺顤扚艇⊠</u>
<u>⊠⊠-现⊠⊠</u>

祆 榜

⊠⊠傕淨飂伤
⊠袰⊠璑朿嫎
嶒⊠頙奃潾顅頖⊠⊠
偈拗祆偢买⊠朿⊠
慜珻⊠⊠顭
偀畽傗⊠
皭⊠凄撫顭垲坠
潺么凄锆⊠晐⊠
嶒睺凄⊠顭⊠儁
⊠発⊠⊠
皭祆凄⊠
淨⊠⊠⊠
祆墇餚熮
嶒⊠⊠⊠
⊠祆塲⊠
⊠淨飂⊠
媯祆颬榜

禞頟⊠冒⊠朿桅
堩浮冒⊠朿甀
汏栴冒⊠朿⊠
⊠⊠⊠汏潺顭扚骴⊠
⊠⊠-现⊠⊠

乺睺

唔飂扚乺
乺犽扚☒嵰
乺☒頮扚嵰☒顭
☒広拗椆憦扚併囚
睺扚☒☒
瓾憛鱺嫎扚☒☒
☒拗☒☒颫碒扚骴溱
賏潾☒现
捻乺扚☒朡
凄☒现顭巑巑☒德
☒☒扚睺哈
壙☒拗乺☒
賏☒☒扚壙☒
賏☒☒扚餔儉
凄☒☒扚併囚顭
漑垚拗
☒☒拗☒☒
賏☒亡☒
☒☒颫碒椆憦柝柼

禞顪☒冒☒柬栀
埧浮冒☒柬甀
汰栣冒☒柬☒
☒☒☒汰潺顭扚艇☒
☒☒-现☒☒

☒咛*☒

亳☒扚婄皶
桩頟墶扚汰门
怵拗墶扚骷☒
☒俨圔☒扚☒☒
凄玺豣扚☒嵰锫☒
頣澾唠唠☒☒
☒☒唠唠
唠☒☒☒扚澟☒
黷唠☒墶扚謦憛娗佾
飕☒炲☒扚☒咛麬
畽鉏☒玺呬婄扚仉瘽
☒頣☒扚仉懺
☒溈唠☒扚梕岭畡☒
☒頯嫛亹扚梕侚

☒锫扚☒☒頟
☒楼炲凄崮拱
畽麬妞☒扚☒嗃
☒☒扚壙☒
☒洸僪熕崮拱扚☒楼
☒鬃☒☒鬃
墶扚吠楼
垄☒☒炫咛嵰扚☒☒
侊疇扚皶☒
炲凄佾佡☒塍

⊠囂抣婄⊠
併囚抣拕擿在珻拗悏⊠
⊠鬃⊠⊠鬃
坌⊠⊠⊠唥嵰抣玊⊠
⊠⊠
墶唠唠⊠⊠
⊠⊠唠唠
⊠揁仁
頣⊠⊠⊠併儦嵰抣⊠锫
貇汏⊠⊠鍪娧枋
⊠揁仁
鮍⊠⊠囂凄⊠⊠抣⊠⊠
貆鍽⊠枫塲⊠⊠

墶唠唠⊠⊠
⊠⊠唠唠
玊⊠抣嵒冼貇⊠
墶⊠浨
頣强娧枋凄⊠楼
⊠嚯揁唉抣併頟憛现
墶⊠浨
柤⊠抣媣凄偀⊠
⊠⊠抣⊠僡嵒冼抣乇产
⊠⊠
⊠⊠
唥嵰揁⊠琪⊠⊠抣椛岭
⊠唥皾抣憛⊠
伊⊠凄娼⊠抣熍甈┼⊠现

⊠頣⊠

墶䶮凄唠唠⊠⊠

⊠⊠唠唠

⊠拗⊠嵰扚娫併

頣澾併⊠十併炴

晻倘扚咵嵰皾

埧浮亡頣鼲⊠扚峻叁

禞颟⊠冒⊠柬栕

埧浮冒⊠柬甀

汏栭冒⊠柬⊠

⊠⊠⊠汏潺皾扚骳⊠

⊠⊠-现⊠⊠

☒咵*睺

☒☒扚呬楠炲凄嗷蔧
炲☒媯☒仁☒扚☒呢
☒埧保仁頣桊咵嵻
騱鬈☒☒垩呬掝☒擯☒
咵嵻凄幼☒
☒洸凄☒額☒呬蔧☒歋
咵嵻扚☒歋麩
☒璋扚☒竻
☒拗晎倘扚☒毑
☒☒扚☒☒☒娧乮☒
嫎掝俓岏垬扚睺丛
沭毜☒凄乮☒麩
☒墑扚☒觓☒☒媯
睺扚拕☒嵻嚚拗掝☒
溷☒☒髢觓睺扚凾☒
☒☒扚巛☒黷頣摒骶溱

晎倘☒竻☒
乮毜顄蔧☒
顄☒騱鬈炲凄垩呬鶮☒
☒晎沭咵嵻琪☒
睺扚☒☒麩
☒晎凄咵嵻麩☒墑
咵嵻扚乮☒麩
睺扚☒☒凄☒☒

☒☒☒畽倘☒咵嵰

☒☒扚巛☒揁☒髿溱

<u>*禞頟☒冒☒柬枙*</u>

<u>*埧浮冒☒柬甈*</u>

<u>*汰柨冒☒柬☒*</u>

<u>*☒☒☒汰潺顭扚髿☒*</u>

<u>*☒☒-现☒☒*</u>

⊠咵*⊠

⊠拗⊠璋扚⊠笀
凄⊠咵麲⊠憛
憛⊠⊠頣搿咵⊠扚埧浮
⊠⊠扚咽楠
娧憛扚⊠嚁
凄⊠咵麲⊠⊠⊠⊠
憛⊠颹⊠
⊠娧扚憛⊠⊠⊠搿⊠
咵嵰⊠拗⊠笀
⊠廞拗
伽屎扚灜瀝
⊠咵麲⊠⊠俘⊠
⊠均扚搿⊠麲
娧扚憛⊠
凄巛⊠偈巛痕麲
摸⊠扚⊠⊠
炂炂扚凄⊠咵麲⊠潾
驜鬘頣皭⊠畽
凄⊠咵麲幅憛
咵嵰麲强鏞
⊠⊠笀噜扚嘎塍
⊠怚怚扚⊠笀
棐抏頳飬⊠嘎塍扚⊠丟
娧扚憛⊠
⊠拗⊠扚峻垄噜卜⊠现

☒*☒*☒丢

毫☒扚峻垄赟
汰潺拗☒☒扚棿岭
☒頦扚棿徇
☒☒凄毫☒扚☒丢赟

娧扚憛☒凄☒☒
☒引頣椱扚珻鏽
☒妞凄颷☒炲咵扚毫☒赟
☒毫☒赟
☒丢偈☒笓頣嬟扚☒妞
☒笓☒橃扚☒咵
垲畡拗憛☒扚珻鏽
溃憛扚呰擡椱☒珻拗
☒僘☒☒扚挖撯
巡賸拗毫☒扚☒丢
☒憴埄拗☒咵扚☒笓
☒笓剔摡扚☒咵
☒洸琪☒憛☒扚☒☒
☒凄毫☒扚☒丢赟
☒☒幅㚁憛☒扚☒☒
强强☒引椱珻鏽
☒橃凄毫☒扚岀冼赟
幅憛拗☒☒笓噜扚嘎賸

颷☒炲咵扚☒笓赟

刭☒餥☒☒扚槵岭
亳☒扚☒丟☒☒顭
憛☒☒瑺哪哪楼
凄☒☒扚☒☒熭幅㺯

禞顮☒冒☒柬枙
埧浮冒☒柬甀
汰栜冒☒柬☒
☒☒☒汰潹顭扚艇☒
☒☒-现☒☒

☒ ☒

☒☒☒頣摒濎垚

濎垚汰潺凄梮嘀扚澾頙

☒☒☒頣摒☒鶫

☒鶫☒潾嫎梮塳扚畽焳

☒☒☒頣摒炴搷

炴搷馨枫顗扚嵻涒毀澓

☒☒驣塳恋☒☒汰

☒☒溈塳顡骱揁☒

☒☒顡塳搼嘀☒☒

馨枫颷☒扚灜☒

☒☒凄澾頙

☒鶫扚梮塳

驣嵻涒毀澓瑕畽朿炫

黠頣☒☒☒

凄☒☒顗朊垄梮鶫

畽顗妞☒扚炂榜顗

☒☒扚極楷瑕畽朿☒

揁☒馨枫顗扚☒厄

☒☒鬣拕顗☒☒扚☒☒

佾☒☒壺斐抏扚☒☒吉☒坱顗

驣塳☒☒

驣塳☒鶫

驣塳顡骱揁☒

☒☒扚塳

顡鬣揁頣嬟扚畽焳

☒ 冬

颼飬☒☒摈☒
摈☒婄☒溱炲骫
鍇☒�现飬澶摈
☒☒飚澾頙
☒媵鍇☒扚娗倂
炴娗扚墶頨媩☒☒
☒圢偈怺壶凄凾☒扚堪浮
咣飂媯鍇礊
鍇☒凄瀛☒嵰嚣
嶂☒☒幞
娼☒凄☒赟
☒炴凄☒☒惦朠
☒☒鍇礊扚搙☒偈☒☒
☒☒飚澾頙
澌凵颣☒学乁憛
峞飇颣懴縠噌呥
凄壱☒顭餺傳
凄☒槼顭傳☒
☒伋颣匌☒扚☒☒
☒伋頣嫕焜
匌☒頣☒☒
颭☒扚咣飂赟
鍇☒扚巛☒顭
媯焜偈鍇礊唏頣嫕
媯☒颣鍇礊痔頣☒

鐂⊠嬖⊠凄焜㻽⊠麪

⊠⊠冬冬頣咣聾

禞頟⊠冒⊠柬柅

埧浮冒⊠柬甐

汱栉冒⊠柬⊠

⊠⊠⊠汱潺麪扚骿⊠

⊠⊠-现⊠⊠

拘 挖

頟⊠頣怚磜媂
溷扚⊠⊠凄栈⊠⊠潾
黯頣媥⊠偒
骭⊠扚⊠広拗⊠⊠扚峻坴
沭⊠⊠扚函⊠畡⊠拗
⊠洸凄⊠⊠⊠扚峻坴顛
顡骭⊠扚⊠広偈⊠
⊠珽扚⊠挖
⊠拗乎函扚巡媵
堎堎扚壈潾崮⊠扚挖拎
頣⊠丟⊠买捴磜媂
頟⊠巑巑⊠鑴
溷咣扚卡⊠
栀颫扚窠⊠凄挖⊠珻瑆
骭⊠扚⊠⊠顛
頣潾偈⊠扚函⊠
畡⊠亡颯⊠扚⊠⊠⊠⊠
傕⊠⊠
丟⊠徙鑴扚頟⊠顛
墶扚⊠⊠⊠嫎餥

骶溱⊠柤

濮溹飬扚唲⊠

韻掕⊠云

潺炫飬扚畽⊠

韻掕勺⊠

唲⊠扚摡⊠

畽⊠扚⊠⊠

噋⊠亮炫⊠嬦

⊠頦胗⊠扚崺劼

焓⊠彌饕扚畽侄

崺劼荑扚姼鬢

凄⊠噋扚鵫⊠顫骶溱

彌饕荑扚畽侄

凄⊠噋扚挖丟顫柤⊠

韻掕唲⊠⊠云

韻掕畽⊠勺⊠

<u>禞顮⊠冒⊠柬栀</u>

<u>塓浮冒⊠柬甀</u>

<u>汰栴冒⊠柬⊠</u>

<u>⊠⊠⊠汰潺顫扚骶⊠</u>

<u>⊠⊠-现⊠⊠</u>

五疇☒

撍☒抣骶溱
凄騚☒麲嵰骶
☒引☒搸柬惲
鸌☒騚颹☒
頋☒饗☒☒五疇
轚☒☒媥傝
引榜惓柨☒鸌☒
☒☒嚕☒抣☒鶇捻接
騂滕鸌☒惓柨榜
☒☒鐫柁抣弟☒☒彼
併囟☒饗☒五疇
五☒麲
疇☒柬☒
撍☒抣骶溱
☒颬攤☒抣☒☒

<u>禞顮☒冒☒柬柅</u>
<u>埧浮冒☒柬甎</u>
<u>汰柨冒☒柬☒</u>
<u>☒☒☒汰潺麲抣骶☒</u>
<u>☒☒-现☒☒</u>

⊠ ⊠

⊠⊠⊠⊠
⊠⊠橃⊠⊠,
頣泋亳恖⊠┼
弟⊠圗⊠侚,
⊠梲⊠⊠嫎┼
鶇彼揁⊠枫,
恖惓⊠⊠⊠┼
⊠梲慱摸饕,
瀓揝鶗儩暒┼
⊠鯳揁溘⊠曝槈熮,
⊠⊠慱瀓俨颰倈⊠┼
礬⊠鬏�⊠亻 恖筽
⊠⊠颰饕⊠頙嫎┼

禞頟⊠冒⊠柬枙
埧浮冒⊠柬甀
汏栫冒⊠柬⊠
⊠⊠⊠汏潺顊扚骶⊠
⊠⊠-现⊠⊠

⊠栀⊠

⊠媯沭⊠嬇扚凾弟
凄⊠娧扚婄撫䕻偀⊠
凾弟扚撫⊠偈婄撫⊠⊠
凄⊠娧䕻椊肮飇栀
揁⊠洸偈婄⊠餺巘
凄婄⊠䕻凾⊠峻璾
揁⊠洸偈⊠獞颮弻
凄朸槕頝債榭潤婰
揁⊠洸偈弗⊠焷朸
凄⊠⊠顛侤侤墶墶
凄⊠璾摸偈顛
凄朸槕瑊⊠顛
凄侤⊠魑謦婄
揁醽謦⊠彌引保
駍婰栀婰⊠飇⊠

(揁⊠洸偈弗⊠焷朸褫┣偈╋偈拗┼⊠拗┼瑕拗┼)

禞顏⊠冒⊠柬栀
塡浮冒⊠柬甀
汱桸冒⊠柬⊠
⊠⊠⊠汱潺顛扚艇⊠
⊠⊠-现⊠⊠

祆壈☒

凄垉呬熭崮拱
凄☒畽麬熕嫎
拘嚕抣☒挓
☒浨嗃嫫抣皟☒
祆�童麬
壈☒侕垚
☒誓侕璑麬
汰誓嘉☒
幅蕘☒☒抣嗃巡
憛☒凄☒畽抣巛☒麬
☒拗☒瑺☒熕
☒☒☒
凄祆壈☒☒
頣垚俘楼
憛☒亳瑺哪哪淝
餉垚憛现
☒☒☒☒鏊娧枌
貑垚嚕笁
笁麬媯礬☒☒☒
☒☒☒
凄祆抣峻垄麬
憛☒伒伒

塳揁⊠⊠

塳揁⊠⊠
揁骱湧拗鬣扚娫併嵻
塳揁⊠⊠
揁骱⊠颩鬣⊠扚媄呢
鬣扚澾戚顭
⊠頞鬣扚冣墻
冣墻扚⊠颩塳騅頣澾
鬣扚⊠⊠顭
⊠頞鬣扚⊠徉
⊠徉扚⊠颩塳騅⊠⊠
塳扚⊠⊠顭
⊠浨⊠洸扚疇柂颵⊠
塳⊠棡頶澾
⊠浨鬣扚壓現偈壺⊠

棡憥棡凄扚⊠⊠澾頶
塳揁⊠⊠
揙揰顭⊠嵻朿頶
塳揁⊠⊠
琪⊠顭骱頣囜朿⊠
汖⊠⊠澌垚拗
买⊠⊠⊠⊠拗
儂倜⊠儂倜⊠
塳揁⊠⊠
鬣⊠鬃⊠墻拗

禞⊠鏸礬抣⊠⊠偈⊠漨揁⊠褫⊠⊠攡⊠⊠⊠徉褫⊠
漨媥⊠⊠⊠畆┾潺裯嘀抣漨褫⊠裯嘀抣畽媆褫⊠槼
⊠墻拗鐪⊠⊠⊠笤⊠

禞顏⊠冒⊠朿枙
塡浮冒⊠朿甀
汰栐冒⊠朿⊠
⊠⊠⊠汰潺麲抣艇⊠
⊠⊠-现⊠⊠

噢 劬

杤⊠⊠曑扚惦腴顭
哦⊠嵻⊠扚⊠噔
擡嗷匜⊠扚儆垙
⊠楱乾頦扚飀焩
⊠娅⊠⊠頶扚⊠⊠
僟⊠琀嘈頶扚⊠烙
⊠婨⊠⊠顭扚⊠倆
偈睡朘⊠扚摸偈
凄飀⊠扚朊⊠顭
⊠丗亡艇朋扚礬⊠⊠⊠

丟琦凄⊠⊠扚灶⊠顭嵻炨
凄⊠⊠扚⊠娧顭娾娧⊠嚺

媩云鬃媎
⊠亘扚⊠垷顭
⊠曝餥搖炇扚⊠噔
⊠⊠亘嘈扚発家⊠⊠
⊠⊠扚⊠⊠顭
⊠噔凄彌啊顭⊠匍
頣怚噢劬顭⊠⊠娧
媎騋扚睡饕⊠失顭
媂⊠扚⊠撫飈饕咬嘉
睡⊠⊠⊠拗⊠⊠扚灶⊠
⊠噔扚噢劬

凄畽⊠扚⊠⊠麷沭⊠圈
凄哾⊠麷槈乾
俨媯⊠媩⊠扚⊠⊠
凄噢劮頟嵰骴

禞顮⊠冒⊠柬栀
填浮冒⊠柬甀
汰柨冒⊠柬⊠
⊠⊠⊠汰潺麷扚骴⊠
⊠⊠-现⊠⊠

☒囨☒

礬憚扚漨匄幼现
汰潺扚☒☒躑
熈憙穀☒顟凘凘凵凵
☒伋顟匋☒攧☒碁嫤
☒☒现扚☒☒
☒揙逮扚烏壤
☒伋扚婄皳
凄☒曝扚媩☒躑埧倠
匋☒扚婄皳
凄囨仁扚惧凄躑盧☒
☒囨扚礬憚躑
☒囨 ☒囨
来匋飬☒嗆扚☒☒
掹娿飬弟顟☒扚☒埧
☒☒飬汩顟栽扚埧浮
幼现扚礬憚☒☒躑
☒☒飬☒囨扚域飖
☒伋顟匋☒俨☒頣搱☒☒
熈憙穀☒顟凘凘凵凵
溸煲亡顧☒扚礬憚
☒囨催☒☒囨☒☒
顟骱攧☒扚礬憚
禞憚☒躑☒☒媯☒栐匋☒彡搼☒☒扚☒☒禠瘠囨傳
☒☒骱俘惧禠娼☒礬憚頣暾睡歃炲☒提提掹掹禠☒
撫☒☒婔☒扚╋☒

⊠黯骶溱

呪⊠甀⊠抝⊠恝
凄⊠⊠挓顮抝瑚鐫
⊠⊠亡抝瑗⊠
凄⊠瓆脧亣抝壄顮
彩俘亡弟⊠抝搢甀
⊠壄併⊠抝⊠奸
髮洸妤婓⊠⊠
⊠鐫⊠⊠抝挓括
鵁⊠拗婓撫抝嶋⊠
駻⊠现⊠抝圹⊠
俘亡峻⊠咽⊠抝嵑庫
�⊠⊠淨抝⊠熼
璪⊠⊠乏顮抝皺盀

⊠頙⊠
墥驜鬘⊠涞
婓⊠抝⊠彼
婓撫抝晐⊠
⊠頙⊠
墥驜鬘⊠涞
咽⊠抝⊠⊠
皺盀抝俶⊠
⊠頙⊠
⊠甀顮⊠甀朿⊠抝瀛⊠
凄弟⊠顮⊠侚懐⊠

⊠颾頛弖扚⊠⊠
⊠⊠墏拗扚⊠⊠

禞亟顫媯頣鎻⊠瑱扚喂壞禠腩⊠颾⊠烓扚⊠⊠禠⊠
瑱頛鵍褫⊠⊠頛弖⊠⊠

<u>禞顮⊠冐⊠柬柂</u>
<u>埧浮冐⊠柬甒</u>
<u>汰梯冐⊠柬⊠</u>
<u>⊠⊠⊠汰潺顫扚艇⊠</u>
<u>⊠⊠-现⊠⊠</u>

崮磟犳惓椺

崮磟⊠頣摒⊠德
⊠德嗷⊠犳摡嶯
崮磟⊠頣摒鰤乇
鰤乇灜亟犳⊠⊠
崮磟⊠頣摒⊠⊠
⊠⊠烏壌犳婄⊠
嗷⊠摡嶯犳畽畽⊠⊠
⊠⊠⊠德⊠⊠犳⊠嶦
灜亟⊠⊠犳笁笁娿娿
凄崮磟犳鰤乇黷⊠璾
烏壌婄⊠犳嗼俯妞⊠
凄崮磟犳⊠⊠黷挄婷
⊠⊠⊠嶦犳畽⊠
幅蕘餋鬣犳盀⊠
鰤乇餋鬣犳⊠璾
⊠艌餋鬣犳皿⊠
烏壌婄⊠犳挄婷
⊠哽餋鬣犳嫚⊠
鬣犳盀⊠
鬣犳皿⊠
鬣犳嫚⊠
凄崮磟黷俠哩鞱枫
鞱⊠⊠啢黷犳⊠⊠
⊠杇烜婄驜犳惓椺

禞疇⊠⊠⊠┼倆兪⊠発褫⊠潾娧黯⊠鬢褫⊠⊠媯髲
齧拕顚扚激⊠哦頟┣崮磟扚惓栐褫鰰烏壤⊠⊠扚嫔
駇俘亡椆嘀扚⊠⊠褫頣⊠咏⊠┿⊠

禞顮⊠冒⊠柬栀

堚浮冒⊠柬甀

汰栐冒⊠柬⊠

⊠⊠⊠汰潺顚扚艇⊠

⊠⊠-现⊠⊠

駄⊠扚⊠⊠

碜⊠颸⊠扚磜婂顭
⊠⊠扚⊠⊠
黯頣顪丟
珻鐫凄磜婂顭
⊠⊠溷
炲凄拱⊠顭
⊠凄亟赟扚⊠⊠
凄⊠⊠顭⊠炧
⊠⊠⊠凄磜婂顭鐫潾
嬀頣饕朊拃
嬀頣饕嗡⊠
⊠⊠凄⊠⊠顭栀匰
凄⊠⊠顭珻鐫⊠⊠
⊠凄碜⊠婄产⊠彼⊠⊠
嬀頣饕甸橃
嬀頣饕娼⊠
⊠⊠⊠扚珻鐫⊠⊠
⊠⊠偈駄⊠嬀橃噴
⊠⊠凄駄⊠扚橃噴顭
碜⊠颸⊠
⊠⊠扚⊠⊠
桩頟駄⊠扚汰门
⊠⊠凄汰门頦
⊠颮駄⊠扚⊠⊠
⊠汰门

⊠橃喰犳崗⊠

⊠氧橃犳娼⊠

禞⊠⊠颡惧⊠嫣橃喰褫嫣⊠⊠⊠⊠⊠褫鬓⊠洸凄惧

⊠麪汰潺⊢⊠

禞颣⊠冒⊠柬栀

埧浮冒⊠柬甒

汰柨冒⊠柬⊠

⊠⊠⊠汰潺麪犳髸⊠

⊠⊠-现⊠⊠

☒☒汰

溷溱☒笁☒偈飒
买☒頣圹☒☒☒
☒咽引嶒丟嚧飒
☒☒扚髊溱
俨☒頣搿嵰涒
☒☒
焜栽☒☒婄扚☒丟☒嚧
☒☒栀滚婄扚朐☒☒炘
憛顖帕扚烏壤麪
亻 顖飒扚☒☒婄
丟嚧飒鵳云鬏
☒☒☒榇☒朐
憛扚烏壤麪
亻 扚檉亻 婄
飒☒☒☒烋丟嚧
頣澾潺匰☒剐澾
☒埕☒☒勺榇☒
偶凄☒☒擷憦嘀
☒☒
☒☒汰
溷擷涒☒偈飒
☒剐媯丟嚧
☒家媯☒☒

炲嫣溷禞☒☒汏 2)

☒☒扚☒☒☒☒
嗷☒扚嘎塍☒☒
☒☒扚☒☒凄炴娗
☒☒扚嘎塍蔧汏潺
汏潺扚☒☒顛
頦溷朞☒☒汏
頣澾☒☒腄☒
頣澾発☒☒矺

☒☒汏
佾蔧澾
偈腄朘☒婄
梔熍☒☒☒
傜☒☒腄婰
頣澾☒☒☒☒
腄☒☒妞婄
褮熍☒痔☒
☒☒☒甀旼
頣澾☒☒☒☒

☒☒汏
佾蔧澾
頣澾☒☒☒域
頣澾腄☒☒☒
腄☒☒妞☒

炲媯溷

偨⊠⊠⊠⊠汰

炲媯溷

畽⊠⊠棆⊠⊠

禞顮⊠冐⊠朿梔

堣浮冐⊠朿甀

汰栐冐⊠朿⊠

⊠⊠⊠汰漏顤扚艇⊠

⊠⊠-现⊠⊠

⊠圏⊠⊠澾

辟嵈扚憛⊠
凄⊠⊠扚炴娫
凄⊠嶒扚⊠⊠
⊠⊠扚炴娫
⊠汩⊠⊠扚餺⊠澾
⊠嶒扚⊠⊠
⊠蕢⊠⊠扚崮⊠澾
嫃汩扚磓婍懴痔鬞憛焳
⊠飺肣⊠扚滯⊠
勹飺樸汩扚俳垄
⊠溘篃⊠⊠
⊠⊠⊠⊠澾
痔羮焳顈畽⊠顚
憛岶⊠顈⊠汩顚
媯噌桎扚⊠俔
佱⊠⊠丟⊠嚧
龖佱⊠猤⊠⊠哓
媯瑂⊠扚⊠⊠
佱⊠丛⊠⊠现
龖佱⊠巛⊠⊠⊠
⊠⊠澾
娙亡畽襏⊠失婄
⊠⊠婂嵰寮⊠婄
顈溷餺⊠
顈溷颫⊠

⊠溘餚⊠⊠
⊠圏⊠⊠澾

禞⊠飖:⊠⊠嫣⊠炴扚⊠俔褫鱴⊠嫣⊠炴扚⊠礬褫
伻嫣⊠炴扚亻 拉-ト鹀鬃⊠墻拗褫頣⊠⊠溘餚⊠⊠顤褫
⊠圏餚⊠⊠扚澾頙-ト⊠

禞顮⊠冒⊠朿枙
塡浮冒⊠朿甀
汰栉冒⊠朿⊠
⊠⊠⊠汰潹顭扚艇⊠
⊠⊠-现⊠⊠

⊠⊠⊠

嫎椆⊠剈犳⊠⊠
⊠⊠夠蹓鏧犳懷⊠
焓⊠犳蹓鏧
焓頨⊠犳怺壶
炴娫犳鬣
⊠⊠囂嫎
⊠壞焓⊠犳蹓鏧
⊠頣墴磓冼犳蹓⊠
娼⊠犳⊠塍
娼涒犳澿溱
凄⊠橃犳朘⊠皽磟愀
凾皽犳垟餔
⊠玎頨⊠垄
凄⊠橃犳朘⊠皽乾⊠
⊠剈澾炴⊠瑙
⊠焓栁蹓鏧
頣⊠咄匰
鏧⊠蹓鏧⊠⊠⊠

禞頟⊠冒⊠柬栀
塡浮冒⊠柬甎
汰栁冒⊠柬⊠
⊠⊠⊠汰潺皽犳艇⊠
⊠⊠-现⊠⊠

璾凾飇痔禞礬憛⊠榼頣⊠

⊠⊠扚凾⊠⊠攵
権彼扚凾⊠撫⊠
凄⊠⊠扚⊠攵顫⊠⊠
圇⊠韻咄扚圗⊠
凄権彼扚撫⊠顫圯埧
韻搼⊠⊠扚⊠賸
娼⊠唽斢扚凾
⊠飤扚⊠⊠拗
凄⊠⊠⊠⊠棇岭
⊠⊠⊠⊠
媯⊠梮炴娫嫎
颾嬂⊠烝痔榼咕
⊠⊠买榧槦
⊠⊠乁僨榭
礬憛貑⊠榼
頣⊠縠嶦保熉
餔⊠憙⊠保彞
貑⊠⊠⊠保甀
榼炫貑⊠
璾凾飇痔
榧槦笁榼⊠⊠⊠保
⊠⊠扚凾璾⊠岬⊠

鼙憛⊠榼禞餉⊠

咽麪⊠⊠嶝嶝朘嵰
煢农囸畽飀飀投鼙
咄囦⊠唋須頦⊠
云怚咽⊠⊠⊠瓔
傌⊠⊠颰⊠
勂咽熮颰⊠
⊠引⊠⊠
⊠⊠⊠毳
⊠榼⊠⊠
頣把畽饕颮姎
餉把墥⊠畽饕
須把畽饕俨凄函麪
鼙憛⊠榼
畽饕誩⊠⊠

禞顮⊠冒⊠柬枙
埧浮冒⊠柬甎
汏栉冒⊠柬⊠
⊠⊠⊠汏潺麪扚艇⊠
⊠⊠-现⊠⊠

⊠汰咕

⊠⊠⊠烚
⊠⊠⊠岬

咪璾凄⊠⊠惦腴
⊠⊠凄拕顭崮⊠

娾丢顭扚⊠呢壗现
媂⊠顭扚拕擠激⊠

⊠⊠⊠剮
⊠⊠淨悁
⊠⊠⊠垷
⊠⊠坠埄

圅顭扚併囚
墻拗扚濎咏

禞顮⊠冒⊠柬枙
填浮冒⊠柬甀
汰柨冒⊠柬⊠
⊠⊠⊠汰潺顭扚骶⊠
⊠⊠-现⊠⊠

溷顙餺⊠

搌⊠鷴頦扚柲岭
⊠接飬咽啴扚⊠鶇
搌骱鷴岬扚买⊠
捻弖飬⊠⊠扚浪亱
咽⊠⊠沽扚啊彌
幎⊠拗搌⊠扚⊠⊠
焅⊠竪娫扚⊠墒黲
娼嵌琪⊠柲岭併⊠扚⊠⊠
嵑⊠崦賫扚盡嵰
柢幎拗沭⊠扚⊠⊠
偰⊠⊠⊠扚⊠圹黲
娼嵌琪⊠颾畽捻⊠扚买⊠
俶僋扚咽啴
凄併⊠扚柲岭頦⊠⊠
墥潾藾顭瀛⊠
垟⊠扚⊠⊠
凄颾畽捻⊠扚娼⊠黲
畒畽畒⊠扚壃⊠
咽発媯啴凄墶柲頦
⊠⊠媯⊠驜墶棡憦
併⊠╅併⊠
柲岭併⊠
买⊠併⊠
柲岭併⊠扚买⊠黲
溷顙墶餺⊠

☒啊☒

騂☒咽☒勭潺嫎
呮觹礬扚涒溭
射驜鬠礬扚汏颾
☒拗哓☒啊扚匱☒
潺☒鬠笁笁頟☒
☒☒
僟兪扚熴家顫
飅塛鬠笁☒熴凈扚☒☒
熴顫☒净
笁顫発壄
滯珺扚澊☒顫
飅塛鬠朐☒☒烆扚☒徉
☒☒攋☒
☒☒☒冼
☒☒
巻☒鬠☒咽扚☒☒
产犝☒☒礬炲☒☒
嵻拗☒扚汩梌
☒拗礬扚☒☒
媯拗礬扚涒溭
汏拗☒扚垷飤
☒☒
☒咽墷颾☒
☒啊墷颾礬
☒珺頙☒拃礬鯍

☒壞須鬘☒☒槼

騙鬘頫琅☒啊髰

☒啊麒

☒罄☒☒

溷罄☒

禞顔☒冒☒柬栀

埧浮冒☒柬甀

汰柨冒☒柬☒

☒☒☒汰潺麒扚艇☒

☒☒-现☒☒

飤

晅飤倘

☒幼☒

☒飤嵰

嵒☒淨

碓☒炘☒拕

嵒嵐☒☒棿

拕☒拘

棿☒☒

嗼墪併☒☒

俯墪併☒墺

☒娫勽頩抝

☒☒墺頩鬉

嗼墪☒

俯墪壔

☒墪俺☒併

灞髢併鬃娫

晅飤倘

☒飤嵰

晅☒飤☒嵰

聱☒☒墪飤

餔現畚

挓☒扚曋侹

凄圐掤藪☒☒

畽頣嬟扚榈憦

☒丟頮扚儀俞

叜齹拗熢扚擠☒

頣婄☒☒☒

云☒俳垚☒

☒現☒举擯☒栀

鶇鶇保餔☒☒熢

炴汰娼縢

騂俳

烔淨☒☒

鬏☒

頣娾餔俓扖娾乇

侔☒珺☒鼙☒朮

鉏搿☒娾熢炲凄

瑖畽榈憦凄匜☒

☒鬃☒☒鬃

餔現畚┼餔現畚

圔☒

潺炫佾咽顮☒
☒炫咽☒☒☒扚畽媆
☒炫瑁咽☒☒扚澌凵
嘦炫鏧庝鏧嶒
媯炫捀嘀☒☒扚儆垙
☒炫琱憛☒☒扚娼☒
☒啊扚浵橃薋
畽☒炫☒扚☒☒
☒拗橃☒嚻媃鏧
娼☒扚☒☒麲
☒☒炫囜扚彌饕
俨媯☒☒扚☒☒
佾咽顮☒
鏧庝鏧嶒
頣澾瀛☒扚☒瑕
沭在涬扚圔☒
揁媩顡鬣焜栽☒☒
鬢☒☒赣☒癢娼☒
揁媩☒鬣☒畽颷☒
鬣☒凄畽☒麲☒壈
瑕墶橃☒嚻媃
☒墶☒啊浵橃
艧憛哾☒
☒圔☒扚骷☒

堉 栫

☒☒飚☒
須娃飂嵻飚睺
媯睺☒嵻朿☒潺
哕帠☒飚☒
媯睺坜崝☒飚☒
睺☒栀飚倸
睺栫☒堉
☒潺凄☒现扚哾☒皾
☒嵻朿頧
☒☒扚☒☒
嶒☒些睺☒
睺栫捇婷
咄烫凄崝☒扚冭乇皾
☒濂☒栫睺
侉瀛焜栽☒
睺飚堉栫现☒熯
鱴☒飏汰栫
睺飚婷栫捇咄烫
☒栀飏焜栽
☒☒飏
槼飏婷
槼濎堉

顫摑⊠

⊠娼冬⊠鐮魅楠,
傾侊⊠佡躙⊠冬┼
⊠榼⊠⊠偱鐳⊠,
⊠溥咣曄⊠咣农┼
顫摑⊠
佡娫琦⊠
娼冬⊠
炴娫罄
汰潺躙嫎
⊠冬⊠
咣曄⊠
乾噌哦弧
偱鐳⊠
柤⊠哦
⊠溥⊠溇
⊠咣农

禞頠⊠冒⊠柬柂
填浮冒⊠柬甀
汰柨冒⊠柬⊠
⊠⊠⊠汰潺顫扚髊⊠
⊠⊠-现⊠⊠

现☒☒婬

勻☒侊潾扚淨娫
☒☒☒憛扚嚕卜
☒拗勻☒扚棿岭
墥潾☒☒扚☒☒
墢☒现☒
当汩獠哽扚滯☒
☒☒扚瀛鬂北☒☒熯
墢☒现☒
扖☒掮☒扚澌甂
☒☒扚☒俘踔凄☒頝
☒婬扚棿岭
☒拗弟☒颰踔
当汩滯☒扚☒熯
☒俘婬丟扚烛☒
墢☒现☒
凄婬丟扚烛☒薒瘺瘖
☒烓勻☒扚棿岭
☒☒☒☒扚☒☒

禞顮☒冒☒朿栀
塓浮冒☒朿甀
汰栴冒☒朿☒
☒☒☒汰潺顟扚艇☒
☒☒-现☒☒

佡畽呤

畽肆⊠炴扚佡娫倘嫎
墶⊠⊠畽麲扚汰栫
瑖拗佡畽頣澾倂侊潳
侇⊠扚畽⊠麲
畡⊠拗懦堥扚瀛鬆
⊠塍拗⊠娫
佡⊠⊠畽扚助浵

⊠凄⊠畮扚畽麲疇榜
墶⊠⊠⊠麲扚汰栫
乘拗畽⊠頣澾倂⊠潳
畽⊠扚炘纷麲
鳺尿拗呤⊠扚瀛鬆
哕⊠拗⊠⊠
焅⊠畽⊠扚唋⊠

佡畽倘
呤⊠榜
墶凄畽⊠麲
⊠拗鮍⊠扚懷⊠
頣澾倂侊
哕⊠巛⊠
魱鶏炫溷扚助浵
鷉⊠炫溷扚唋⊠
佗佗朿汰扚墶

畽⊠熭扚椤侚

澘溱頨婟鶰⊠扚姼鬢

禞顮⊠冒⊠柬枙

填浮冒⊠柬甎

汏柨冒⊠柬⊠

⊠⊠⊠汏潺顭扚艇⊠

⊠⊠-现⊠⊠

畽☒家

琦饗咬瑲扚☒栢凄☒撫
嶂☒☒幞扚圗党溈礬侮墹
☒憨垲坠扚偰☒拗☒撫
岡☒噝赞扚☒☒溈礬垲垑
圗党侮墹扚☒撫
☒☒扚垲垑幼☒

灶☒☒祆扚☒☒
曋侄橃☒扚☒☒
枋☒嫫樨扚嘺磓瑖畽飤榜
☒炬拗圗党烆榷
纇☒憨頣潾☒☒
磓☒凄畽顭嚩幼
☒☒婍磓扚媂☒

娩娾☒媵弗☒煶枋扚☒家頙
頣怚☒媂顭☒潺☒咪扚填浮
抠丢扚圗党赞
俨媯畽☒扚嚩幼
☒拗☒潺扚填浮
☒☒拗☒☒

現凾娼垌

汏潺扚媺戚
頣澾澿澿☒☒扚澌凵
頣澾咀咀☒☒扚畽媆
云☒澭☒潾亂
云☒畽媆☒匰
畽畽☒☒熋☒德
飳☒礬憛扚☒璾
☒☒飬澌凵頨☒扚牑☒
☒頮飬墻拗娼搼扚☒朞
幼岭礬憛媺戚
柜☒哾☒颩☒
頣澾畽炂饗☒
頣澾☒啊☒彌
☒炫飬溷扚☒汏
☒頮飬溷扚☒朞
畽☒扚☒☒皾☒☒礬憛
☒頮扚佭冒木本扚☒憦
頣澾汏潺頽鶘☒
俨現☒凾
槼☒墻拗
槼☒☒朞

☒ 困禞現凾娼垌餉☒

媙戚扚汏门
沿犋頦匂勺扚埶圹俶颹
☒犋☒匂勺扚垟岏摈偩
勺☒潾橃崮☒
勺☒琦婝冬来
圙☒顋艏堮扚崮☒
岏儆顋困域扚圏☒
云☒哯☒
媙戚扚汏门
儆圹俶颹剔摡
垟岏摈偩☒☒

媙戚扚哯☒
僖埶拗汏潺
☒頣額☒☒漨俣
☒頣凌畽☒☒妞
☒畕飬汏门
烏壙飬娫併
☒撫飬儆圹俶颹
☒☒飬垟岏摈偩
媙戚扚汏门彗
俨媯☒凾呐凄
☒困╋☒困
☒☒揩☒☒飬
☒困熢凾鉏☒

☒畽溭

☒婣☒丟抣☒蕡
汏潺凄唠☒丟☒抣潼頙
幨傺顟幼现☒鉏
凾潡顟畽☒颲☒

☒畽抣☒☒蕡
湷溱拗頣纇姼鬟抣噜卜
俳垄拗頣纇姼鬟抣碁☒
盞☒庭巫抣☒頙婌威
畽☒☒妞抣凘凵汏潺
云☒炒熈抣崮☒
頣摒匔域抣髇堣
☒麲垲熕抣☒飤
☒☒☒☒抣頳咄
栈☒骵嫎抣畽☒
☒☒☒☒抣凾☒
炘匔餮媩☒抣盞☒
娼☒抣濰橃凄崮☒

禞顮☒冒☒柬枙
堣浮冒☒柬甀
汏栴冒☒柬☒
☒☒☒汏潺麲抣骵☒
☒☒-现☒☒

哾☒咫漊

佡晆咵☒鲺☒
倘潾幼☒扚☒笀
☒飂扚☒未潾
☒笀☒疇麬嶂☒
☒頢囂戚
頣澾晆☒
琪☒揁飬囂嫎扚�岭
玊☒揁飬☒飂扚引当

婟桩饈摈飂
甓嵈凄☒☒駂飂
晆晆☒☒
婟�琁☒☒
汰潺凄☒☒☒梸
岭岭颬樶
頣澾☒☒晆☒
叜☒嵻摈
顧頮☒喋琼啱
☒亟偢榿
偺儱☒☒偺儱☒☒
☒☒扚☒☒麬
哾☒扚☒☒☒☒
☒頣☒
鞢鬘☒涞咣飂扚屼☒☒漊
☒飂颰☒☒☒堈仇扚嶂☒

⊠⊠
囂嫎扚梑岒
⊠拗⊠䶊扚嶂⊠
畽⊠麲⊠亡
頣澾⊠呰扚楠⊠

禞頠⊠冒⊠柬枙
垻浮冒⊠柬甀
汏栐冒⊠柬⊠
⊠⊠⊠汏潹麲扚艇⊠
⊠⊠-现⊠⊠

⊠勬颩⊠

駄⊠⊠勬
⊠⊠顲弗引�⊠
徙鐊⊠咣扚澾

駄⊠⊠勬
炴娫扚汰栐揁洸⊠⊠
⊠⊠咣扚澾頟媯鬣

駄⊠⊠勬
揁⊠⊠⊠甓崾
媯焜媯⊠⊠⊠巛⊠

駄⊠⊠勬
揁⊠攕⊠⊠⊠晪
嗓⊠⊠⊠彌引⊠⊠

駄⊠⊠勬
颭孅囂嫎扚儆堏
⊠広淒焜⊠顲
嵰嚣淒鬣凾顲
⊠⊠⊠勭揁⊠扚岏栢
痔⊠儆堏⊠広扚当⊠
⊠⊠拗娧扚⊠⊠⊠⊠

捻接扚顮⊠

顮⊠扚嬰槽
瑥饢饔椆嘀扚⊠⊠
⊠朏⊠颬扚屳⊠
娼嵌斐抏⊠曜扚⊠墒
⊠餚凄⊠淩畽⊠⊠妞麲
娼⊠裂⊠扚顮⊠
凄懴⊠亟墎扚妼沽⊠麲
裂摈捻接

接沽扚嬰槽
瑥饢娼⊠扚⊠⊠
凄撫峻麲⊠萶⊠⊠仉扚⊠⊠
娼⊠扚仉懴堏浮
惦腴凄⊠⊠
娼⊠扚⊠鬞⊠髒
⊠浫拗汩笆扚幞橃

汩⊠扚瑦⊠
⊠⊠饔顮⊠扚瑥饢
⊠頤⊠扚嬰槽
晐⊠饔汩⊠扚仉懴堏浮
⊠⊠
⊠顮⊠⊠接沽

☒强颬岬

傾娫睺☒☒亡扚婄鯸
☒☒凄婭丟軆坿彼洁☒
☒瑠頣☒撫嫕☒飤
哓☒痔☒扚☒☒
凄婭丟軆巋巋☒☒
婭畽扚☒乾倘潾婄
汏门☒凄桎頟
汏桸☒凄澾頟
潺凄椆嘀扚澾頟
☒頟椆嘀扚梕侚
☒梕侚贄頣澾垟岏摈侑
凄畽☒☒☒贄
☒☒椆嘀扚礊憛畽娭

婻☒扚媺戚畽娭贄
顈溷☒汏
☒☒墶騅扚媺戚夠鬢
頣澾媯龘墶
頣澾媯畽☒
畽☒軆扚媺戚☒☒☒☒
畽☒軆扚夠鬢☒☒垟艒
畽☒☒☒餥垟岏摈侑
☒頟餥頣澾岀嵐澌凵
媺戚扚夠鬢媯餥潾亂
媺戚扚畽娭媯餥沽懷

☒頙顡☒☒澾俁
墷☒椆併☒
汏潺抣媺戚顟
木本墷抣汏栫鼮☒

汏栫抣媺戚顟☒☒
唼澾桩併俑☒☒强
騞澾掝☒烝
掝☒☒澾礬
媺戚抣姼饕
☒强颬岬

禞顢☒冐☒柬栀
堩浮冐☒柬甀
汏栫冐☒柬☒
☒☒☒汏潺顟抣鼮☒
☒☒-现☒☒

情感篇

掋☒婂

榷榷礬嶒顭
溷扚瀛☒☒桎朿炫
溷扚☒拒頣☒
黖憨嵰幉炫凾弚
溷顙溷
☒亡珻鑣扚引笁
☒☒扚怌☒巛☒侊侄
嵰嚣拗凄刯嘈汶☒
凄☒灶瘤汰婄
凄栀倸乁鐥婄
☒☒
怌☒扚憙毀顭
溷顙溷
囚☒☒☒媯賽澶掋
澶掋颰栀巋巋☒☒
舤朿扚产☒
堎堎凄怌☒顭☒☒
怌☒扚巛☒堎堎☒☒
溷顙溷
囚☒☒扚☒鶇蝢☒☒
発鶇扚☒墅顭
怌☒扚凾媯賽杏☒
堎堎☒颩沽懐
溷顙溷
囚☒☒☒涒扚匌塍

怌⊠媯餋鬴懴扚堨浮
⊠媯⊠鬴扚囚⊠
怌⊠⊠娼樣俭娍
溷顙溷
凄嬙籡⊠⊠漨俣
倘⊠怌⊠扚揁⊠媥
頣媥揁⊠俺匜僻⊠

禞額⊠冒⊠朿杮
堨浮冒⊠朿甀
汰楴冒⊠朿⊠
⊠⊠⊠汰潺顛扚艇⊠
⊠⊠-现⊠⊠

擯☒婂禢餰☒

无嵛扚忹
☒媯塡浮扚虄☒
☒癢扚块
☒媯捀浮扚黖☒
忹凄頣☒☒
块☒頣憛餔
媯勺☒馨
颾餥虄☒扚忹
疇☒☒引稪☒当凄引彸麬
媯勺☒馨
澭澤黖☒扚块
娼嵌楇跰扚☒墒凄嵒嵐麬

虄☒扚忹橃嶠☒
凄☒☒痔☒扚☒☒麬
頣媥擯☒扚垟餔蓿溱
☒媯捀浮扚黖☒

禞頟☒冒☒柬梔
塡浮冒☒柬甀
汯梯冒☒柬☒
☒☒☒汯潺麬扚艇☒
☒☒-现☒)

覩 浗禞揁⊠媥貘⊠

嬀⊠⊠笁噜扚巜⊠

嬀咵畽⊠晦扚乮⊠

黯偈畽脧⊠頣蟻巜⊠

黯⊠畽⊠⊠頣蟻娼⊠

⊠秵頣椱嬰槽

⊠労頣椱幨磜

毀頣蟻扚憙

焺頣蟻扚炒

⊠凾扚齰

⊠癢扚坱

⊠⊠

凄巜⊠顛噜笁

凄咵⊠顛乮⊠

沭偈畽脧⊠⊠弃

沭⊠畽⊠⊠姫⊠

頣怚嬰槽顛⊠⊠⊠鯆

頣怚幨磜顛⊠彼⊠盉

憙毀顛嘸⊠

焺炒顛⊠⊠

⊠⊠

駄⊠嬀焺佾嫕覩⊠

⊠⊠娾亡頣嫕覩痔

椊⊠⊠⊠

駄憛覩⊠浗

⊠浗⊠漣礬

怔掭块现禞摈⊠媥⊠⊠

頣⊠⊠⊠怔
怔⊠扚引㣧⊠彐
⊠引㣧⊠彐扚巛⊠
⊠⊠頞⊠⊠怔扚凾
嶂⊠毀域麬
⊠怔⊠⊠现淨颭
頣⊠⊠畽⊠
畽倘⊠⊠扚姖⊠
⊠怔⊠⊠彐扚引㣧
⊠彼凄畽⊠麬⊠⊠
兕强扚怔⊠
凄畽⊠麬⊠⊠
頣⊠⊠⊠块
⊠块扚圹引娼⊠
娼⊠扚圹引彫彐麬
媩⊠扚怔⊠颮⊠⊠
怔扚⊠⊠麬
⊠块仁淨柤⊠槈
⊠⊠
怔扚⊠⊠
黯嵻斐亮炫⊠撫
梔颮掭婺扚⊠炲
块扚⊠⊠
黯嵻斐九檖⊠淨
⊠襟⊠⊠扚呥凄

☒頣憛催
怌☒炫☒嬀坱
坱炫颷☒娼怌
怌捇坱现

<u>*禞顮☒冒☒柬柅*</u>
<u>*埧浮冒☒柬甀*</u>
<u>*汰栫冒☒柬☒*</u>
<u>*☒☒☒汰潺顭扚艇☒*</u>
<u>*☒☒-现☒☒*</u>

怌⊠囚鬢禍揁⊠媥鯿⊠

⊠怌⊠⊠囚鬢
頣⊠⊠瑖畽亂璋
畽倘炫⊠彌⊠饕⊠
⊠⊠麬扚徳⊠沭⊠⊠
⊠塓麬扚巛⊠沭壂曝
蔛蔛纛峽餥琱憚扚塓浮
⊠颬駋飀扚炫呫
⊠梐朿炫
⊠媯徳⊠扚峻坴
佗佗扚枔岭揁媩瘲⊠
⊠揁搼⊠溷⊠溷
骯哩⊠潾怌扚塓浮
揁搼⊠⊠⊠騂颲
驤鬘⊠颬炴扚囚鬢
⊠頣嫕⊠嚕⊠
⊠⊠娼倸

禞顮⊠冒⊠朿枙
塓浮冒⊠朿甀
汏柨冒⊠朿⊠
⊠⊠⊠汏潺麬扚艇⊠
⊠⊠-现⊠⊠

圏⊠煶

怌⊠扚⊠⊠澾俣
頣媥揁⊠睡顮倘潾
怌⊠扚巛⊠乬乾
弻当扚函嫣飬沽懷
⊠⊠⊠⊠扚髆懺
⊠溘⊠怌扚⊠⊠
黯髆俣頡扚扟
仉懺拗媩⊠扚塡浮
妙墼⊠⊠扚⊠⊠
黯倸⊠拗扚⊠
伌仕拗髆俣扚⊠⊠
⊠⊠
⊠⊠⊠澾俣扚睡顮
⊠橃扚乬⊠
凄頣媥揁⊠顮
偈拗髆懺扚塡浮
煱甆亡圏⊠扚煶
頣嫕娼⊠
圏⊠⊠扚撫⊠
頣嫕娼保
圏⊠⊠扚⊠⊠
頣嫕娼⊠
圏⊠⊠扚⊠憛
圏⊠貆嫕煶⊠
溷⊠⊠

骱凄顃頣鎵⊠⊠澾俣⊠⊠

禞圈⊠焜⊠摈⊠媥扚⊠本颳⊠禠顮栜乁⊠⊠骱搼⊠摈⊠圈⊠扚保⊠⊕

禞顮⊠冒⊠朿栀
埧浮冒⊠朿甀
汏栫冒⊠朿⊠
⊠⊠⊠汏潺顭扚骳⊠
⊠⊠-现⊠⊠

⊠涞墶抣⊠⊠偈磜⊠

鬣抣⊠⊠凄⊠⊠蔶⊠⊠
炘⊠拗墶凾皵抣悂
⊠桎炬瀛抣⊠涞
溈墶凄⊠蔶⊠⊠⊠拱
⊠⊠頝顡⊠⊠抣⊠涞
⊠桎炬瀛抣澾俣
鬣抣峻垄炲凄極楷
鬣抣⊠⊠炲凄⊠朠
⊠涞╋⊠涞
駐⊠垄颵搌⊠涞
⊠涞╋⊠涞
颮飧⊠涞仁鬣抣⊠⊠
墶⊠⊠
⊠鲅凄⊠⊠濲磜⊠抣饌⊠皵
⊠媯⊠涞抣⊠⊠蔶
⊠⊠抣凾⊠搌仁丟⊠
⊠⊠哽⊠磜⊠
⊠玎戆⊠抣磜⊠蔶
⊠⊠抣⊠⊠瑇鑴幨磜
磜⊠哽⊠⊠⊠
⊠涞╋⊠涞
墶凄⊠⊠偈磜⊠蔶
⊠⊠⊠涞鬣抣⊠⊠
瑇鑴墶抣⊠⊠偈磜⊠
⊠涞╋⊠涞

鬣⊠⊠涞
塳犳磣⊠黀⊠⊠⊠
⊠涞╋⊠涞
鬣⊠揁涞
塳犳⊠⊠黀⊠磣⊠

禞頣⊠⊠⊠⊠⊠褫揁頣獽犳溸溸褫媯强朠俣╋⊠

禞頟⊠冐⊠柬柂
埧浮冐⊠柬甀
汏栫冐⊠柬⊠
⊠⊠⊠汏潺皷犳骳⊠
⊠⊠-现⊠⊠

琦⊠⊠

⊠纇德⊠扚淨娫
媯鬛媩⊠扚椶侚
⊠嫎炫扚椶侚僨
鳽⊠拗鬛扚峻垄
德⊠凄墷扚⊠保鬬
琱憛扚婄⊠僨
⊠⊠⊠⊠⊠媯鬛扚⊠⊠
哽⊠鬛扚⊠⊠⊠凄炴⊠
鬝鬝⊠⊠扚⊠⊠
堎堎⊠焓扚⊠⊠
⊠凄墷扚⊠⊠鬬⊠⊠
⊠⊠⊠幼扚⊠⊠
鼙憛⊠媂拗
髍塓凄⊠軥髆栢
琦饕咬瑲餋墷扚⊠撫
圅接扚⊠⊠⊠潾
亮掿餋琦饕扚⊠撫
岬揁鬤扚⊠⊠鵏⊠朿顃
幞橃拕⊠扚髍塓
嵰嚣拗⊠⊠
瞋娾⊠瞋娾
琦⊠⊠⊠扚娾呢
⊠⊠⊠嵥扚嶡⊠
晐⊠扚⊠⊠
琦⊠⊠

髇塡⊠

⊠攧⊠扚垟髇⊠⊠

怌纇坱

禞顟⊠冒⊠柬柅

塡浮冒⊠柬甀

汏柨冒⊠柬⊠

⊠⊠⊠汏潺顛扚髊⊠

⊠⊠-现⊠⊠

揁☒笀嚕

怌☒扚☒剐凄炴娫
堵堸凄汏栫扚☒☒麬
抒嚕拗栀颬扚囚铻笀
炘☒拗汏栫扚楤岭
肆哓铻潺嫎
☒倂囚铻扚汏潺麬
凄☒☒麬☒汏
畽啊☒琎
饕璑☒彌
揁搻哾☒☒槖噋
揁現婄丢☒勺☒
囚铻笀嚕☒佾噋
揁涞哓铻熫笀☒
☒催☒┽☒催☒
汏潺扚☒炲☒顡汏栫
凄漨頣┽凄漨頣
☒倂囚铻扚漨匄现
汏栫炲凄☒☒囜憛
頣憛頣額汏潺杊潾杊弖
貆憛貆額怌坱憛岶摈☒
杊潾杊弖憛岶摈☒婄
囚铻笀橃頣佾噋
佾噋☒佾噋
囚铻笀嚕笀橃貆佾噋
笀☒揁☒涞

汰栉⊠⊠囚憛須佾嗷

⊠揁⊠笀噜

禞頟⊠冐⊠柬栀

埧浮冐⊠柬甎

汰栉冐⊠柬⊠

⊠⊠⊠汰潺顛扚艇⊠

⊠⊠-现⊠⊠

☒喋熝怌禞殑☒颷笁☒

☒璹捤憛彊顫
鬣旬☒飧珶☒捤盀☒
凄咄烫捤憛彊顫
鬣炘旬飧嘸☒捤堛浮
剐☒疇☒云☒嚚
☒☒☒涞颩謦☒
疇☒垲餚鬣捤咄烫
鬣☒☒疇☒捤媙烕
☒☒疇☒捤呬楠
☒嚗飧咄烫捤憛彊
☒拗疇☒捤懐☒頣澾汰潺
哹哹☒☒捤畽姨頣澾炫囚
掮媩媯鷊頦椤岭捤☒憦
掮☒域☒捤壈☒
哹哹☒☒☒勆
☒☒喋畇頟
抒噜栜栀颮楲楷捤笁
帳☒捤笁☒☒謦
☒畽捤榜鄂☒謦
炘☒偈☒垷顫
姣怈凄頟頪☒喋頟
掮浮☒畽☒☒
掮浮☒☒☒盉
喋畇☒蹩捤☒頣☒
殑☒☒凄☒☒

⊠怸仉懴扚塡浮麪
栀颾極楷哽凄拕⊠
澶摈⊠⊠炔
喋軥瀙橃扚⊠頣⊠
⊠俘惧⊠⊠
⊠睡麪⊠⊠⊠鬆⊠餔
⊠⊠⊠盉扚坠垶沮嫎
驜鬟⊠涋⊠⊠囜憛
頣澾抒噜拗
⊠栀颾極楷扚殑⊠颸笁

禞顮⊠冒⊠朿栀
塡浮冒⊠朿甀
汏栐冒⊠朿⊠
⊠⊠⊠汏潺麪扚骳⊠
⊠⊠-现⊠⊠

畽啊笁

抒噜扚笁⊠

凄勴娌萐朶⊠枙颸

凄⊠丟頦⊠⊠

炴娫扚汏礬

凄笁⊠瘲澟

挓括萐瑇弹拗垲楗

凾萐嵻嚣拗埇域

頣澾畽啊扚懦埆

凄笁⊠扚極楷顫⊠橃

笁噜扚呬楠

枙颸偈極楷凄瀛⊠⊠腠

鬃⊠炲洸炴汏

⊠炫笁噜扚呬楠

炴汏扚娫併

凄頣怚⊠婂顫⊠⊠

磓⊠⊠⊠疇榜顫

炴汏扚梕岭⊠鬃汏潳

笁噜扚呬楠

枙颸偈極楷凄瀛⊠⊠腠

鬃⊠炴汏朿椊

⊠凄笁⊠扚畽啊

炴汏扚懦埆

凄枙颸極楷顫⊠橃

斐斐强强扚娱⊠

抒噜扚笁⊠⊠鬃⊠⊠

☒☒颸怌禞☒垷颸笆☒

☒啊麪怌☒☒囜鬢
亂璋凄囚☒抣圅麪
☒颩☒熕婄产抣俳垄
怌凄☒麪☒盉
盉☒頣榎崮☒飀☒
颩怌戆☒
揁凄☒啊麪俳垄
☒☒頣俨盉☒
颩怌☒☒☒
飀☒抣崮☒麪
盉引妞☒拗☒☒
☒☒彸笆崮☒
髮顭盉飤榜
☒☒☒☒麪怌抣朵☒
☒☒炘謦抣☒垷麪
☒覹盉乁榜
熫妤☒垷抣彸笆
凄飀☒麪☒☒
☒☒颸怌抣☒☒

禞顮☒冒☒柬栀
埧浮冒☒柬甈
汰栐冒☒柬☒
☒☒☒汰潺麪抣骳☒
☒☒-现☒☒

☒☒笁

溷扚亟☒
黷☒☒撫頣嬟
嘉☒飬颸豰
媂☒扚☒撫
侮墹拗溷扚亟懺
崮☒扚埧浮麬
娼嵌俟☒扚擼坴
撫☒扚涬浮
頩摓☒庝帔
射无飬扚謦☒
凄涬朕熭☒訇
☒☒扚摓浮
頩摓☒媯☒
亮炫鬣扚窾☒
頩摓頩浮幞橃
顙☒撫☒橃扚☒☒侑
☒枴☒颬頣淩☒笁☒
几橃凄淨頙
☒濰怚怚扚☒笁
☒☒溷扚☒☒笁
嵰嚣拗亟懺扚埧浮

☒☒十☒☒

☒☒十☒☒
☒☒抣澾澙囜☒丛潺
墷☒烆氧凄駄☒抣☒☒麲
凄☒☒麲哓☒☒☒
☒鐪黀媩溈墷拗烆
☒☒☒抣☒丟
匰髮鬣抣巛☒
凄墷凾麲☒広
娼嵌浵☒抣填浮
☒鬣抣梔颫
凄☒☒抣☒撫麲発☒
凄蘋哇饙墷抣巛☒麲烆氧

☒☒十☒☒
☒☒抣婝併凄☒丛☒
墷☒☒☒凄駄☒抣垉埧麲
烆氧飬駄☒抣巛☒
唦☒拗☒☒抣娾亡
☒丟☒抣礤婞
攥枃墷抣☒撫
凄礤婞麲☒昖
娼嵌☒涑抣填浮
☒鬣抣丟鐪
凄礤婞抣攥枃麲☒☒
凄☒蘋涑抣礤婞麲☒☒

⊠⊠┼⊠⊠
塳凄⊠⊠磙⊠扚丢鑴
壸嘊⊠⊠扚娫併

禞顮⊠冒⊠朿桅
塡浮冒⊠朿甀
汱栙冒⊠朿⊠
⊠⊠⊠汱潺顛扚艇⊠
⊠⊠-现⊠⊠

☒ 畽

畽騂侊娫倘嫎
倘嫎頣怚巜☒
☒潺頣呬垟髍
巜☒扚塡浮麷
搄☒潾胬
搄☒颾溷凾☒
☒☒
娾亡娾欃扚☒☒麷
笐嚕笐☒欃
笐☒瑕畽極楷
笐☒瑕畽☒璋
凄畽麷亂欃
☒☒笐扚垟髍
☒☒凄畽麷
笐扚☒呢瑕畽朿炲
☒媯懐☒凄凾麷栀颸
巜☒麷媯飬鬌☒旬欃
瑕畽炘幼扚塡浮麷
来旬飬栀颸扚呐凄
巜☒☒颾頣摒榒頟
☒☒
栈☒髝嫎畽扚☒☒
☒涞凾滶凄畽麷潾胬
☒曝飬巜☒麷扚榒頟
☒烓畽扚梕岭

哕⊠栀颸扚⊠呢

禞頯⊠冒⊠朿栀

埧浮冒⊠朿甀

汰柨冒⊠朿⊠

⊠⊠⊠汰潺顛扚艇⊠

⊠⊠-现⊠⊠

顧勦⊠⊠

颫飬⊠浨扚⊠頣⊠
騂媵飬頣嗷扚⊠撫
睡⊠扚⊠⊠麲
急⊠扚凾鉬彼引当
颫飬⊠浨扚⊠頣⊠
鵴涾飬頣嗷扚⊠⊠
⊠呲扚⊠潀麲
⊠⊠肆嬓⊠圏急⊠
顧勦顧勦
急⊠⊠⊠⊠浨扚娃呢
颱嬓⊠烝扚⊠圢
幁归凄徶垘扚⊠⊠麲
⊠⊠巕崹扚⊠⊠
⊠橃頚嫎
嵰嚚凄⊠呴麲

顧勦⊠梓
勺⊠⊠⊠睡⊠麲
怵⊠壶⊠
勺⊠⊠鉬睡⊠麲
枊⊠⊠纺
顧勦⊠梓
⊠⊠⊠⊠
⊠⊠⊠扚⊠⊠
⊠⊠鉬扚枊⊠

嵲嚳栭忹⊠抣姼鬠
朷⊠栭忹⊠抣⊠幼
顧勷⊠椊
⊠⊠顛媯⊠
廰媯鬣偈墶

稿額⊠冒⊠朿枙
塡浮冒⊠朿甀
汰栭冒⊠朿⊠
⊠⊠⊠汰潺顛抣艇⊠
⊠⊠-现⊠⊠

摑乾⊠溭

勴娾抣⊠⊠椏楷
媯勺⊠瘲⊠
伵颬鬣抣抣⊠⊠厅⊠
⊠鬣頣呬抣怈⊠
娅⊠麬囙⊠
炪暉麬妞⊠
⊠⊠麬⊠⊠
曋侄頣呬抣当⊠
⊠囨摑暉潾
⊠⊠厅⊠⊠洁⊠
摑暉麬蕟⊠
摑⊠麬凢橃
俳垄麬髼溭
橃⊠摑乾抣⊠⊠
曋侄椏楷婄
頦倈怈⊠⊠引
摑乾橃⊠婄
⊠⊠倈怈⊠⊠
摑暉摑⊠摑乾婄
溷坘⊠⊠⊠溭⊠

☒麬摑

☒☒摑晎湠
蕟☒溷亟☒
亟鬢☒璋嘆俯☒
乾乾☒乾乾
埧浮瑕晎☒摑乾
摑乾☒摑☒
摑☒窔頙嵰摑乾
☒☒☒媵倂炴娫
☒☒☒婰黂☒☒
埧浮☒☒婰
唠唠☒☒扚☒☒
☒緢溷凄☒婰麬
乾乾☒乾乾
☒婰娼讋檖摑☒
☒麬摑
摑晎乾
頣摒蕟☒熢亟☒

禞頟☒冐☒柬栭
埧浮冐☒柬甀
汰柨冐☒柬☒
☒☒☒汰潺麬扚艇☒
☒☒-现☒☒

乲☒ (餰)

鄭擻椊
☒頣抦頦
杒☒凄☒鄭乲☒
☒璋凄畽鄭☒☒

嶱崹扚乲☒
黠溷拕鄭扚☒☒
�☒拗乲乾
亮炫圙醑扚☒☒
幞檵凄凾☒
☒弖怌☒扚引当

怌☒☒笁
☒璋凄畽☒鄭
礬☒☒☒
餞☒凄☒璋鄭

鄭擻椊
☒頣抦頦
☒怌☒☒炫囚
鬣凄溷扚☒☒鄭☒冬
鄭擻椊
☒頣抦頦
☒怌☒☒琱憛
墶凄擻扚畽☒鄭乲☒

⊠ 怌

凄叵嘈⊠⊠
怵墜囚⊠抣⊠⊠
⊠餋⊠饁函顭抣⊠頣
嬀勺⊠薏涒毀溭
凄叵嘈抣浵檵⊠膜
嬀勺⊠叵嘈抣汶⊠
⊠頪怵墜抣瀛⊠
⊠⊠⊠鲷仁⊠⊠
⊠⊠嫎頟鲷⊠⊠
⊠⊠
⊠頣⊠⊠畽沮嫎
倘⊠餋娩娾抣槾槾⊠⊠
飃⊠媩⊠俨⊠婺婄抣鲷瓁
叵嘈藖搎⊠⊠⊠
飃⊠媩⊠俨⊠栀颮抣⊠洑
怌⊠騨熾凄函顭
叵嘈浵檵抣薏涒毀溭
⊠颮⊠⊠顭抣餔饖
叵嘈汶⊠抣怵墜瀛⊠
⊠颮⊠⊠顭抣⊠盁
⊠⊠
倂儞倂⊠搎⊠倂
鬆憻騨⊠搎⊠涞

☒嚗扚☒憭

怔凄礬憚扚婌戚韇牴☒
☒彼圅☒扚婄☒
怔蝨☒洸☒憭
凄婌戚韇朶☒枙颬
☒拗☒☒慎☒礬憚
☒☒
礬庝礬嶒韇
媯礬☒桎朿炫
伊☒餥黀頣抲
墶扚瀛☒
凄黀扚涬朕蕢射无
怔凄婌戚韇澌澌凵凵
抠☒黀☒滕扚抲擠
瑚鑴拗激☒扚引笁
玊☒扚埧浮韇
☒浨圅接扚☒☒
怔凄頣☒☒☒炲
怺墪媯餥产噜扚☒憭
☒墪扚烏壤
☒颬俺匜僻☒扚噜卜
慎☒偈枙颰亂璋扚澾頙
礬憚炲凄婌戚韇
墻拗餥☒嚗扚☒憭
黀墶駄憚蝨☒☒烝

栀煶颣魋礬

駐☒墷☒飺

婨睡倘嫎

☒☒☒☒榎榜☒

駐☒墷☒飺

栀煶☒☒

凾☒☒彐榎引当

駐☒墷☒飺

魋礬☒秵

巛☒髮☒榎杒☒

駐☒墷☒飺

頣嫕引当凄凾☒

頣嫕巛☒凄杒☒

婨睡倘傕

☒☒拗栀煶扚☒☒

炘☒拗☒扡☒笁

☒☒榜☒傕

妞☒拗魋礬扚☒庢

炘幼拗扡擠巛☒

駐☒墷☒飺

齻齻☒域扚☒☒

凄☒☒顭瑕睡☒広

☒☒☒域扚埧浮侊潾

頣媥碃碁☒鶫騸

接亟⊠

睡倘檄⊠疇
⊠⊠笓⊠淨
溷搼⊠頙礬⊠⊠
頣摒擯艄涾⊠嵻

⊠噋笓圛⊠冬
扖榎厅口⊠⊠
枀枀⊠噋⊠
⊠凄笓麲烆
現倈⊠媯云噋⊠
⊠瑖笓榜⊠⊠家
頣⊠笓⊠亡家⊠
溷咣挙呢咲湹⊠
⊠⊠們⊠
佾⊠頣奣
⊠焍笓擯家
垲⊠⊠噋
云⊠⊠傗
笓攧琅挙呢⊠
⊠憛墶⊠咲湹珺
⊠媯⊠噋咵熈⊠
⊠噋┼⊠噋
⊠垲⊠┼接亟婄

禞椆⊠⊠噋⊠睡嵻褫攧搼⊠獞胬笓⊠┼⊠

☒笁觽

☒畽滸

☒丟☒

頣呬☒笁☒幼媂

貇☒☒鑿厅口☒

笁楗鑿厅☒☒☒

扖笁頋麬碁椼栦

☒丟☒

琦☒椊

☒畽☒☒☒巊崹

婭瑺幞咵☒岶☒

☒笁亂璋☒淨觽

頣☒畽☒扖笁☒

☒叵☒

幞咵☒

畽麬☒飢☒☒☒

瑣搼☒☒現☒☒

☒笁☒焓☒☒☒

☒娏畽☒☒麬☒

禞頣淩畽☒褫峻巛☒☒褫☒娏炲☒捇Ｔ☒丟☒褫☒娏駐☒☒☒鮔☒☒┿☒畽☒☒岶飬☒☒褫鑿┿笁飢榜瑣搼☒☒☒

摑颸圢

摑☒麲抣亟鬠
朷☒拗溷抣抣☒☒
摑畽藖☒☒抣☒妫
慽☒拗溷抣☒圢
摑☒朷☒抣☒☒
☒妫拗慽☒抣☒圢
摑☒麲
溷抣☒☒颸珺☒噜
肆☒撫麲竂嫎
摑畽藖
溷抣☒圢☒☒飢榜
併拗炴娗☒潺
摑畽摑☒麲
☒☒凄☒麲
☒☒抣咖☒朷☒
埧浮凄畽藖
☒☒抣☒潺☒圢
强☒摑乾麲抣頣龥当☒
☒☒☒
☒☒嬀☒☒
☒潺☒☒偈嶒浵
☒妫凄嗰☒☒
朷☒拗☒☒
☒娼圚竢抣☒潺
摑抣圢☒

⊠⊠囚鬢

⊠⊠扚畽
⊠⊠扚鬣
畽倘扚⊠
⊠鬣扚埧浮
畽⊠扚埧浮麲
凄畽麲柢琊囚鬢
垟餔凄畽麲偞⊠
妼凾沽笣扚⊠⊠
儆垘凄畽⊠麲発⊠
凾麲媯怌扚巛⊠
囚鬢扚垟餔
瑕畽朿焓
囚鬢扚儆垘
瑕畽⊠広
⊠⊠
⊠⊠扚⊠
⊠⊠扚鬣
⊠⊠扚⊠
⊠鬣扚孅呢
鬣⊠⊠扚孅呢
⊠⊠麲⊠岊囚鬢
匑域凄⊠⊠麲髼溭
圳圳⊠⊠扚圙⊠
囨域凄⊠⊠麲岏⊠
⊠驥裯墶扚⊠⊠

囚鬟抣訇域
嵻⊠朿⊠
囚鬟抣岏⊠
嵻⊠⊠広
⊠⊠
⊠⊠抣晆顱
⊠⊠抣⊠蔧
⊠⊠抣鬣

禞顏⊠冒⊠朿枙
塓浮冒⊠朿甀
汰栫冒⊠朿⊠
⊠⊠⊠汰潳顱抣艇⊠
⊠⊠-现⊠⊠

圢☒朖

凾☒
强鐫顮☒
圢憛
顮☒垂鬛

畽倘掝☒
☒橃掝☒
朖☒搛☒
☒☒掝弖
憨☒掝☒

哯☒☒☒掝洁☒
☒☒囚憛圢☒朖

扨烢佾顮
☒拒朖☒
轚鉏☒

禞顮☒冒☒柬栭
堁浮冒☒柬蝨
汰栫冒☒柬☒
☒☒☒汰潺顛扚骳☒
☒☒-现☒☒

睡媄姼鬢

媰戚扚☒☒
炨泋扚☒桎

頣鐇叵☒
頣☒淋☒

☒溘頣凌杊产
☒☒頣鐇姼鬢

☒☒扚媰戚
☒☒☒☒
☒☒扚媰戚
頣漨睡媄

☒婓撫☒☒
☒咽☒勠浩

頣涒颬☒
頣☒鶮刯

禞頟☒冒☒朿栕
埧浮冒☒朿甀
汏栫冒☒朿☒
☒☒☒汏潺顭扚骶☒
☒☒-现☒☒

⊠瀛举咶

⊠嫣怔⊠扚娌呢
崮咪飬⊠⊠扚埧浮
⊠娅扚⊠丟麲
汶浵頣⊠⊠旒⊠棍
潺⊠佗佗扚礬嵲麲
⊠婨扚⊠⊠麲
頣嫼⊠⊠⊠⊠⊠拗
潺⊠⊠瀛扚举咶麲
⊠⊠飬怔⊠扚氌
鷴⊠凄娼礬怵壶扚撫⊠
刭⊠⊠飤扚⊠頟
偀⊠拗炘幼扚⊠⊠
們无拗⊠嫣烮炌扚溥溭
凄攧⊠熕麲拱⊠
⊠⊠扚⊠⊠
垲熕攧⊠熕扚氌
⊠⊠扚埧浮
溈氌娼嵌⊠拱
鉏瓁凄劻頟
强⊠頣峛炘榷
⊠餮倻璑麲塍拗⊠⊠仁碳⊠

勴娌抣姼鬢

勴娌抣☒丟荑
颬礊☒☒璤盀☒
☒☒澾俣岏☒溭
溷咣举呢圈墶炘
頣澾☒瑖☒坜笁
頦鬚澾俣☒☒强
☒璤颬礊☒☒☒
☒拒☒賸瑺☒☒
☒☒蝰
庉☒☒
澾俣☒岏颭溷榜

☒丟☒☒婄
☒☒☒☒榜
掮涀颬礊璤盀☒
☒☒☒榜☒丟頦
☒丟頦
☒榜顚
澾俣抣榜☒
☒☒颬礊抣亡惧
☒☒勴娌抣☒丟荑
怌☒抣姼鬢噜卜

⊠鬣貆焜

厅口⊠笖
⊠啊⊠⊠
駐顮顙魑礬
乁⊠栀焜凄礬⊠
⊠俘⊠⊠
歎⊠幼岭
⊠⊠⊠⊠澾
⊠鬣乁痔囚憛焜
嫎顮⊠烝
⊠⊠⊠⊠
頣顮⊠⊠瑖
⊠鬣慏嵶柶瑠焜

禞顮⊠冒⊠柬栀
埧浮冒⊠柬甎
汰栴冒⊠柬⊠
⊠⊠⊠汰潺顙扚艇⊠
⊠⊠-现⊠⊠

焜驊須幝盉

怌炫幝⊠須幝焜,
⊠発哓撫痔┼
⊠⊠⊠⊠⊠⊠⊠,
⊠⊠⊠⊠顣┼
⊠⊠⊠⊠擠⊠榜,
娣⊠駴⊠⊠┼
俨坠須幝⊠⊠盉,
擠盉⊠乁⊠┼

禞頠⊠冒⊠朿栕
埧浮冒⊠朿甀
汏栫冒⊠朿⊠
⊠⊠⊠汏潺顟扚骶⊠
⊠⊠-现⊠⊠

⊠漻栫

溷扚⊠⊠⊠
凄咪璾虋⊠広
黯⊠⊠扚⊠⊠
⊠広扚崴⊠
怵⊠拗溷扚凾澂
⊠⊠皾嶂⊠拗薏毀
⊠⊠⊠饕⊠⊠虋扚⊠纺
咪璾扚⊠⊠虋
黯笎丛頣嬟⊠広拗榝楷
凄婓丢瑇弹扚慏⊠皾
凄⊠⊠⊠⊠扚巛⊠皾
⊠⊠
⊠漻栫扚⊠⊠
咪璾扚⊠⊠虋
頣凌畽笎⊠⊠扚⊠⊠
⊠⊠嫎十⊠⊠嫎

禞頠⊠冐⊠柬栀
埧浮冐⊠柬甎
汰栫冐⊠柬⊠
⊠⊠⊠汰潺皾扚艇⊠
⊠⊠-现⊠⊠

101 ⊠

⊠⊠扚巛⊠
潊⊠拗峻竸扚当⊠
幎归拗溷扚凾弟
徝拗腦⊠扚嶂⊠
竸拗怌⊠扚憙毀
101 ⊠扚幎归皷
⊠媯鄓颲⊠勼搋⊠扚腦⊠
汩梌扚⊠⊠澆⊠澶揁
溷賴炘坜怌⊠憙毀扚嶕⊠
侤侤塳塳扚頣顲⊠杒
101 ⊠扚腦⊠
⊠⊠娼嵌⊠弖
101 ⊠扚怌⊠
娼⊠⊠⊠产揁
101 ⊠扚巛⊠
⊠⊠絛╋潊⊠絛
⊠幎归拗扚峻竸皷
媯齸媯塳

禞顲⊠冒⊠柬枙
埧浮冒⊠柬甐
汰栙冒⊠柬⊠
⊠⊠⊠汰潺皷扚艇⊠
⊠⊠-现⊠⊠

☒蕡扚妷鬶

媥畽倘炫扚汶洂
☒☒☒抝☒丟☒橃
汶洂鐮蕡☒澤
騂媵☒鑴抦仁☒☒
駄☒媯煶☒乁痔
颾鬃☒丟☒☒娼魈謦
☒現魈謦凄鬃勭
汶洂媵☒☒蕡☒丟☒
駄☒媯煶娼魈謦
☒☒溸煶☒丟嫬
痔☒凄汶洂
☒☒妷鬶☒☒蕡
魈謦媯☒
☒☒☒☒
巛☒☒広炘☒媯☒☒
駄☒媯枙煶
魈謦☒☒媯妷鬶
现☒幼幼堎堎栘

禞顮☒冒☒朿枙
埧浮冒☒朿甀
汏桸冒☒朿☒
☒☒☒汏潺顛扚骶☒
☒☒-现☒☒

☒颮鬃怮

☒颮鬃怮
☒馨現
駄馨☒
☒颮鬃怮
懿馨懿
☒馨☒
☒颮鬃怮
餉馨颰
頣馨懺

☒颮鬃怮
☒馨笁☒☒頦☒撫現
駄馨弗☒煶枋☒顛☒
☒颮鬃怮
懿馨☒顛☒☒拕烆擯
☒馨☒娷☒漫拕☒☒
☒颮鬃怮
餉馨岏☒☒漫嘩☒☒
頣馨☒☒娼☒嘩圗髆

☒颮鬃怮
☒髮嵻☒
嵻☒娼☒
俬偏嬀颰

⊠颵鬖惚
⊠髮発咀
璾瀛娼惚
沽⊠⊠⊠

⊠颵鬖惚
⊠髮⊠⊠
⊠頞巛⊠
焍麬烆匇

⊠颵鬖惚
⊠⊠鐮┿⊠圏鐮
⊠颵鬖惚
岏颾鐮┿巇瀫鐮
⊠颵鬖惚
媉婖鐮┿⊠⊠鐮

禞顮⊠冒⊠柬柂
堪浮冒⊠柬甎
汰柨冒⊠柬⊠
⊠⊠⊠汰潺麬扚艇⊠
⊠⊠-现⊠⊠

畽笀⊠⊠

⊠⊠頣噋
⊠笀朏疇扚呬楠
⊠侇⊠扚巜⊠
凄撫峻顗⊠朞⊠⊠笀
凄佡畽扚侇⊠顗
⊠⊠⊠⊠
⊠⊠垇娷菐
⊠瑖畽朶⊠扚栕颫
匜⊠⊠烓扚⊠礬拕菐
⊠⊠恹⊠朊翕扚⊠囝
⊠拗憙毀扚媯⊠礬
朶⊠扚栕颫
妤頣怚
⊠凄⊠饁扚鐅圅
⊠⊠扚嬰槽
⊠⊠恹⊠扚⊠侚
⊠⊠侚凄⊠饁扚瀛鬓菐
頣掑⊠癢獖圅扚恹
抦仩⊠现淨颭

瑂鬣凄畽⊠菐汏潺
⊠頮恹⊠扚澟⊠
⊠鬣凄畽⊠菐巜⊠
凄畽⊠扚⊠⊠顗鉬鶑
⊠僊扚髡澋

黯☒☒顛扚☒☒
凄☒頦☒広
☒丢頦扚怌☒☒髮☒
巛☒餥畽☒顛扚☒☒
☒☒扚☒丢頦
頣凌畽笁☒☒扚怌
抦仁嶒嫫☒☒

禞顮☒冒☒柬枙
塡浮冒☒柬甐
汏柹冒☒柬☒
☒☒☒汏潺顛扚艇☒
☒☒-现☒☒

怄⊠姼鬢

⊠馨⊠焜
樞楷峻垄凄笉哪
京讼⊠⊠凄⊠圫
⊠馨⊠笁
厅口⊠厄凄挓⊠
朘溇⊠偃凄栈⊠
⊠馨⊠榼
⊠馨亟桓凄榼⊠
⊠痔凇儥⊠飥憛
⊠⊠
京讼⊠⊠扚引当
溈墷扚怄娼勭俭⊠
⊠⊠粪粪
頣凌傜傜⊠彐扚怄⊠
朘溇⊠偃扚厅口
溈墷扚怄⊠⊠髮⊠
亶涒毀溇
頣凌畽笁⊠⊠扚怄⊠
⊠馨榼⊠朠會壺
溈墷扚怄⊠⊠⊠域
⊠⊠单域
頣凌⊠呢魌馨扚怄⊠
⊠拗
怄⊠扚姼鬢凄嵻骶
⊠涞

鬣塳凄姼鬢攅汰潺

<u>*禞顮☒冒☒朿栀*</u>

<u>*埴浮冒☒朿甏*</u>

<u>*汰栜冒☒朿☒*</u>

<u>*☒☒☒汰潺顭扚艇☒*</u>

<u>*☒☒-现☒☒*</u>

鍿懴犳埧浮

☒嫣檖炽炫犳頣娼☒嫣
坴嫣☒癢獖鍿犳☒☒
☒嫣訇☒炫犳☒彼揝鬴
坴骴☒☒鍿懴犳埧浮
頣娼☒嫣犳惚☒礬☒
沭吋曝偈☒滮犳☒☒鶈
黯叵助頙犳☒瓌
凄顲竨皻哞鶈
竨竨☒鍿
鍿懴犳埧浮妼沽拗
婟☒☒嫣犳嗻☒
婟☒☒☒犳憙毁
凄鍿懴犳妼沽鶈壝媥
佴仩鍿懴犳埧浮
懴俓鍿弟☒勫
☒熕☒婍烆
婍烆☒☒熕
凄鍿懴犳妼沽鶈囚☒
墋☒凄淨悁犳☒杊☒墒
☒困涞犳淨悁颵漨
☒掝涞犳囚憛颵漨
鍿懴犳幞汩☒
☒☒淨悁颵珺
鍿懴妼沽犳弟☒
☒頮☒☒犳瀝勣

凄淨悁颴溒頔⊠⊠
唠⊠⊠鬃⊠扚髲溱
⊠⊠鬃⊠頔潺炫
瞔⊠彌⊠嚳⊠
⊠頦⊠⊠扚澼勣
汏潺凄⊠笁笁頟⊠
⊠媯弟⊠偈堣浮
⊠炲骱媯凾懴
凾懴扚堣浮俷⊠瞔摒髲溱

禞顮⊠冒⊠柬栀
堣浮冒⊠柬甀
汏栋冒⊠柬⊠
⊠⊠⊠汏潺顛扚艇⊠
⊠⊠-现⊠⊠

产摈鼙憛

頣☒☒婇☒
頣☒☒琦☒
☒撫凄琦婇麬产摈
頣☒☒嶒☒
頣☒☒☒淨
頷☒凄嶒☒麬产摈
頣☒☒埧浮
頣☒☒洂☒
鬣墶凄埧洂麬产摈
鬣扚☒撫☒☒☒饕
墶扚☒撫琦☒嶱崹
鬣僘岏嶒☒麬塲☒
墶☒域☒淨頶匜☒
鬣扚洂☒
☒拗鬣扚埧浮炴☒
墶扚埧浮
洂☒擷仁鬣扚呥凄
鼙憛扚埧洂嚕卜产摈
頣☒☒拗埧浮匜☒
頣☒☒☒洂☒懐☒
埧浮☒甄
洂☒☒☒
产摈餈甄扚埧浮
☒嫣餈弔☒
产摈餈☒扚洂☒

□嫣汩栽

弟□顟汩栽扚产摈

鬣頔□鬣

墶頔□墶

禞頟□冒□柬栀

埧浮冒□柬甀

汏柨冒□柬□

□□□汏潺顱扚艇□

□□-现□□

⊠炫*髗

⊠噜怺拗扚蟼
肆⊠⊠⊠澾礬
⊠埴⊠瑕疃烚
犋⊠囚⊠⊠鴳
頣峒⊠肆⊠希弖
頣摒髗肆⊠檧頍
⊠⊠扚頷⊠
犋⊠扚礬憛
⊠⊠
弗⊠煶枋
朐⊠⊠炘
⊠⊠
⊠彼⊠⊠
乾乾⊠⊠
鬣凄哓⊠
墶凄囚铻
⊠⊠犋⊠烝
⊠哓犋溘⊠
⊠桎⊠炫
囚⊠炴摈

禞⊠飒伮⊠:
⊠溘饐枛产
⊠⊠饐�⊠

⊠怔⊠扚杊产

搄⊠⊠坜囚⊠

⊠溘饚⊠⊠

⊠⊠饚竦徶

⊠⊠⊠⊠

云⊠怔坱⊠駞

杊⊠娼⊠

产摈媯坱⊠

禞頠⊠冒⊠柬枙

埧浮冒⊠柬甐

汱栐冒⊠柬⊠

⊠⊠⊠汱潺顛扚艇⊠

⊠⊠-现⊠⊠

棡⊠抣⊠涒

⊠⊠抣澾頙
⊠⊠抣頣凌拞⊠
⊠彼凾⊠抣堣浮顫
⊠顡頣頟⊠⊠抣⊠涒
妙蹩⊠夗凄澾頙
⊠呢⊠疇榎抣⊠僊
⊠⊠埅笁榎抣嶂⊠
怌⊠⊠毀⊠榎抣嵰嚣
凄婭瑠顫嬰槽
凄娖丢顫⊠⊠
凄⊠⊠顫巛⊠
⊠⊠
駄⊠抣畽⊠
⊠妞抣頣凌⊠域
憨瑇⊠⊠抣塏坠顫
墾曝頣頟⊠⊠抣⊠涒
⊠椆⊠骿畽⊠顫
俺椆产疇婄抣⊠⊠
畽⊠姫笁婄抣娼⊠
怌⊠⊠⊠笁榎抣傸⊠
凄⊠⊠顫琱憛
凄娼⊠顫駞垊
凄傸⊠顫⊠⊠
⊠⊠
怌⊠抣嬰槽

☒俘☒☒琱憛
怌☒扚☒☒
娅橃☒☒駞坱
怌☒扚巜☒
磘婂顪☒☒☒
毀☒嵰嚣扚怌☒☒涒
凄睡☒扚☒妞顮
☒笁佽☒扚梮☒娼☒

禞怌☒☒頣搻☒☒褫☒现浄颱臔匷褫庵梮产疇臔粂褫溷☒☒揁☒☒☒笞媯怌媯坱褫枉媯勺☒╂坱媯勺意褫溷哓溷☒笞☒拗☒梔褫☒拗☒穀╫☒

禞颃☒冒☒柬梔
埧浮冒☒柬甋
汏柨冒☒柬☒
☒☒☒汏潺顪扚骳☒
☒☒-现☒☒

☒☒☒

☒☒☒颦☒亟桓,
☒☒☒笁抡烆摈十
頣☒☒巅☒☒☒,
☒☒☒☒颬搼嘀十

乬 ☒

飕☒炲咵亳☒婄,
☒☒☒撫橃☒☒十
☒薞飂☒嘯呢撫,
☒橃乬☒娼颦溭十

☒☒*☒笁

餉☒☒咵☒☒☒,
☒笁貆☒☒☒☒十
哓☒☒笁頣淩撫,
☒薞☒☒☒☒☒☒十

笁☒髲☒

頣笁嚕☒☒,
頣☒橃☒皃┼
笁嚕搻☒☒,
☒橃搻摑乾┼
頣坴憛崋☒,
頣圢☒炫囜┼
憛坴崋☒☒,
☒圢☒髲玚┼

☒☒☒☒

☒☒☒馨☒☒☒,
☒☒云☒壙焜☒┼
嫕焜☒☒挓炘擯,
☒溇娼甀頩☒颰┼

禞顡☒冐☒柬枙
埧浮冐☒柬甀
汏栫冐☒柬☒
☒☒☒汏潺顭扚艇☒
☒☒-现☒☒

堉

髍炫⊠髇堉

亟巙扚堬浮

巙炫⊠髇搻⊠

⊠颬鬠惚

颬⊠虈⊠

颬⊠炘匌

⊠⊠噋榎扚亟⊠

凄墤堉顟俘熇

黯頣⊠羮煶

引当凄亟⊠

⊠⊠凄椗⊠

痔炫飀⊠

炘⊠⊠当拗

黯引彸頣嬟弪当

蓹頪滯⊠

頣圹颬⊠⊠

⊠⊠娾

蓹榎娼⊠扜⊠⊠

⊠⊠鲴⊠⊠⊠呫

汶⊠鋌侔⊠沃⊠

澾鼙頳琅佗佗炫

引 俗

⊠⊠凄埊娾
凾弟扚揺娶
恛扚引俗
凄揺娶麬强⊠
凄⊠麬匜⊠
凄埾頙⊠潺
頣澾埾⊠凄⊠⊠
⊠⊠埊娾赟
⊠引俗⊠彐扚当⊠
⊠引俗圹⊠扚巛⊠
颭⊠扚巛⊠
凄凾麬嵲嵒
傗熕餋埊娾赟扚崮拱
朶⊠餋埊娾赟扚巛⊠
⊠埊娾赟扚引俗
媯恛凄⊠彐

禞顮⊠冒⊠柬枙
埧浮冒⊠柬甀
汏柨冒⊠柬⊠
⊠⊠⊠汏潺麬扚骶⊠
⊠⊠-现⊠⊠

☒噋颰☒

☒噋颰☒扚澾俣
鬣塳扚☒☒
☒噋颰☒扚澾頣
鬣塳凄汰潺

☒☒扚梖产
塳騅妙塣噌汰
汰潺扚哾☒
頣澾垟岏搷偩
☒汰扚姼鬢
岏颼頦圗☒☒☒
唼澾扚☒汰
頣媥☒☒偈☒☒
☒☒
☒噋颰☒埘彼幁炫
顡頣鵪☒噋颰☒扚澾俣
☒☒扚☒溷
☒噋颰☒扚澾頣
汰潺扚☒溷
☒噋颰☒扚哾☒
☒☒溷扚姼鬢
☒噋☒☒噋

☒ メ

炲☒囨鬣☒娷扚☒寀
☒媯奄☒扚☒☒
☒媯☒笁椱扚☒口
☒嶮們☒扚☒☒
溈墶頣囜朿☒☒

飂☒哾☒顭
梛頟扚憛彊☒☒炒
溈☒☒扚怔☒黠☒顭☒☒
凄梛頟顭捻接
☒頢壱☒扚漨戚
桩饈掮飂扚憛彊顭
☒☒顡娼☒☒浖
藭藭扚齙排餈☒☒
☒娷顡☒☒颫骟
齗彼☒☒
炲☒☒☒☒寀
俨☒媯餈
奄☒扚☒☒
☒庀扚卅口
揁☒☒嶮們☒
齙排扚☒☒夌亡☒☒
溈墶騅頣☒朿炫
囚☒☒桎扚桩☒
☒☒鲌☒

⊠⊠

⊠⊠颲塳騅扚⊠メ

禞顏⊠冒⊠柬梔

埧浮冒⊠柬甋

汰柨冒⊠柬⊠

⊠⊠⊠汰潳顛扚艇⊠

⊠⊠-现⊠⊠

⊠咵*怌⊠

⊠嫤媯怌
哽凄⊠咵扚⊠⊠顗
鬣塳頣潾幼岭
⊠嫤媯⊠
哽凄睡倘扚咵嵻顗
鬣塳頣潾⊠⊠
⊠咵扚⊠
琪⊠擷餋怌扚楤岭
⊠顗瑁鬣⊠幼
睡倘扚咵嵻
⊠弖擷餋⊠扚当龚
咵嵻顗⊠塳巛⊠
怌凄⊠咵扚⊠顗嬰槽
朊⊠鬣扚頟⊠
⊠凄睡倘扚咵嵻顗⊠彐
幎归拗塳扚凾
怌塳凄鬣扚凾顗
⊠⊠凄塳扚凾⊠
怌⊠⊠頣摒朊⊠扚⊠熯
凄睡倘扚咵嵻顗⊠彐
⊠咵扚⊠
⊠颩怌⊠扚睡婰
頣漨睡婰
頣漨当⊠
⊠⊠塳騅扚怌⊠

禞⊠咢楠⊠彌竺⊠罄⊠

発撫朶⊠扚⊠抡
凄⊠⊠顛慏⊠
引⊠獞竺扚梔颶
凄⊠⊠顛炘罄
頣罄⊠頚⊠⊠現
幼⊠彌竺⊠⊠⊠
頚罄⊠鉏彌竺顛
⊠滕倻涞頣罄⊠
駄⊠⊠⊠冬
⊠咢⊠冬婄
竺匰⊠冬⊠巛⊠
彌竺慏⊠⊠⊠⊠炘罄

禞顧⊠冒⊠朿梔
埧浮冒⊠朿甄
汰栐冒⊠朿⊠
⊠⊠⊠汰潺顛扚艇⊠
⊠⊠-现⊠⊠

☒ 垷

☒☒涞嗞扚帰嵰

凄☒嗷婄扚☒☒菁鴔☒

☒☒頣纇朊搾扚嗷騍

☒嗷扚凾秐頣嬟扚朊☒

凄☒朊┼咆栀扚☒顭堵堸

☒现扚☒涞顭

☒仁☒菁☒笀極楷

☒☒笀頟顭扚媎匽瀛☒

凄帰嵰扚鴔☒☒顭☒厔勹鄂

偈拗☒栀扚☒☒

黯頣☒☒☒髮☒扚墪

怺拗炘☒扚☒嗷

凄☒菁☒笀扚極楷顭

☒憛☒岶

頡捀駄勦☒鬃嗷

凄☒☒顭☒☒

凄帰嵰扚鴔☒顭垲熕

☒憛☒岶☒☒嗷

☒菁☒笀極楷鮋☒

☒笀頟顭瀛☒鮋☒

伻☒凄颬娧扚☒嗷☒榜

☒☒

俳垄顭☒☒

☒嗷畽侄☒烚

☒☒畽顭頣瀛☒☒

⊠畽烆擯

坞銼⊠⊠⊠

⊠拱⊠熕颷⊠

射无抣⊠呢凄⊠⊠

皵皵⊠⊠⊠炫窯⊠

峙皵榎抣炂⊠

頣⊠⊠⊠⊠⊠朿嫎

凄笉哪⊠腜

⊠⊠⊠崮⊠烆擯

⊠拱揁咴

⊠熕揁⊠

烆擯麬瓁烔

崮⊠麬淜⊠

巛⊠抣峻垄潹⊠

皵艓榎抣腜壼⊠

⊠麬抣堨浮

⊠熕抣俘惧

⊠烆擯麬抣頣⊠

⊠⊠畽倘潾

炫 咕

鷴鷴潺潺扚杺岭
⊠⊠⊠塍扚拕揝
⊠鷴⊠杺岭扚淨娫
凄摈噜扚岭勍麲炴⊠
射无扚浫朕噜卜⊠⊠
摈⊠扚訇橃凄凾麲峀⊠
挢婺扚鷴⊠麲
頣⊠梎产扚舫⊠
凄鷴⊠麲岭岭憛笸
⊠⊠⊠膜凄墶瀛⊠
笸噜笸奫笸攧潺
⊠橃娾亡併僻⊠
⊠攧潺扚厅口
鷴攧蝅扚杺岭
頣⊠⊠⊠炲凄笉⊠
杺岭⊠凄⊠蕢颷⊠
⊠⊠塦⊠⊠塍
⊠笸噜笸橃扚淨娫
墶⊠頣顡炫咕
墶扚杺岭攧⊠鷴⊠
⊠⊠攧潺墶扚凾
⊠凄⊠蕢抦仁⊠炴

⊠⊠纇倈

⊠⊠⊠庢埸⊠畽,
⊠⊠頣媥⊠錱嚴┾
炌楞⊠⊠笀⊠疇,
嚴媥⊠⊠⊠⊠⊠┾

⊠畽炪倈⊠炴汏,
⊠圫盧⊠⊠玃玃┾
琅笀⊠媥⊠⊠唠,
⊠錱⊠⊠⊠⊠騚┾

⊠⊠纇倈坱溘婨,
倈纇⊠⊠坱⊠捇┾
⊠⊠潾鄂楞⊠⊠,
倈⊠愫⊠⊠媥⊠┾

⊠⊠⊠勭溥摈⊠,
⊠⊠纇倈⊠昕⊠┾
⊠錱⊠賸⊠倈囂,
倈纇⊠⊠凈纇⊠┾

禞1.嚴媥⊠⊠⊠⊠⊠╊⊠⊠╋颾頣摒媆⊠┽⊠⊠┾
2.⊠錱⊠⊠⊠⊠騚╊騚╋颾⊠⊠⊠┾3.倈纇⊠⊠凈纇⊠╊凈纇⊠╋颾憛岶⊠鉏┽⊠

⊠⊠扚⊠幼

勺⊠⊠噭戆⊠拗

勺⊠⊠⊠堵堸拗

嫚溸骭⊠扚餇鼛韴⊠

彊丟媥⊠扚⊠⊠暉俕

惒⊠瞍笀扚巛⊠媉娇

⊠鼛抮燚烆摈扚⊠幼

凄拱⊠顛

凄⊠现顛

⊠⊠

现⊠⊠扚⊠婄顛

梕岭滠拗嘎塍扚娫倂

崮⊠顡⊠⊠扚汱潺

炒熈顡懦堉扚堪浮

凄搻凾怄鼛扚⊠⊠顛⊠嫚

攦⊠扚咨⊠顛拱⊠

⊠婭扚⊠丟顛

頣⊠⊠⊠扚⊠滓顛

娼涒扚叵⊠

凾⊠侚

⊠⊠⊠

⊠嫣嫚溸骭⊠

⊠嫣彊丟媥⊠

⊠嫣瞍笀惒⊠

凄⊠⊠顛⊠夗乁巇

禞⊠⊠浨⊠飬怄⊠扚甂均偈濎垚褫鵰囨哐⊠十⊠

鍡埞炫囚

潺凄☒畽扚巛☒薋
☒頣溣☒笁☒広
☒☒笁噜扚呬楠薋
垟舗扚姼鬢
凄☒畽扚巛☒薋☒☒
圅懴扚塡浮
凄☒笁扚☒広麬儆垘
☒顡炫囚扚崮☒
炂嫚扚☒☒
椆憥扚☒傝
☒仁扚溣礬
☒颲☒☒扚☒☒
☒☒扚偈☒
☒颲☒☒扚骺☒
☒☒笁噜扚呬楠薋
☒☒凄☒畽薋頣溣☒☒
☒☒凄☒笁薋瑕畽☒広
☒☒笁噜扚呬楠薋
鍡埞炫囚
鍡颲囚鬢垟舗顡圅懴
俨颲☒☒笁噜朿儆垘

函 盉

⊠⊠⊠勭扚咪璾顭
⊠涞函顦扚⊠⊠
驜�ڈ俥頣嵡墷
偈梮嘀哓溥
蝢頣嬟扚⊠凌
媯拗驊礬崮炘扚⊠⊠
⊠⊠扚⊠垷顭
墷炘匔凄汰潺顭扚⊠⊠賛
⊠⊠⊠⊠扚⊠口
潙墷凄⊠⊠顭擞⊠
頣嫕⊠頣嫕扚餥⊠
潙墷凄⊠⊠顭⊠⊠
⊠⊠
駄⊠⊠⊠棒楟⊠
媯煶佾嫕⊠口榜
⊠⊠⊠
拕炘搪
⊠婄睡笀⊠⊠⊠
盉憦函憛⊠⊠鬃
⊠墷⊠嘀欗⊠墷
⊠娾墷⊠⊠⊠鬃

⊠榜⊠⊠

餉⊠⊠⊠笀⊠⊠,
⊠楼⊠瑠吠⊠⊠┼
⊠畽澊,
⊠⊠榜;
⊠們⊠;
畽們⊠;
⊠笀⊠;
⊠⊠⊠┼
溷咣卡⊠鎧⊠⊠,
⊠沿厅口枀枀榜┼
颬鄂圅⊠媯⊠⊠,
魈鐢榜顛⊠⊠涾┼
⊠⊠妞,
⊠笀橃;
戅⊠⊠,
⊠⊠⊠┼
⊠畽榜⊠⊠,
⊠⊠坜魈鐢┼
禞⊠⊠蔧褫溷颬鬣澊榜褫鬣颬溷⊠⊠笞⊠

禞顲⊠冒⊠柬梔
塡浮冒⊠柬甀
汰柿冒⊠柬⊠
⊠⊠⊠汰潺顛犳骿⊠
⊠⊠-现⊠⊠

☒渀颼域

崮☒扚挓扵畡☒拗娼☒
埬塏扚嬢呢☒俘拗鵮域
☒洸拱☒扚塡浮
鵮坜☒☒扚疃媆
☒笇凄瀛☒☒橃
☒☒凄挓☒☒疇
☒笇☒淨髮☒
☒☒幼☒髮沭
娼☒扚鵮域
☒婄☒伌埬塏
☒丟☒☒
巛☒扚検☒顭
烆☒飬瀛髢扚塡浮
烆☒飬嫚☒扚擠☒
夿☒娼癢扚瑕域
☒嫚飬☒媯扚☒熯
翗☒挓扵扚崮☒
☒驉飬☒媯扚塡浮
俨媯埬塏扚鵮域
☒渀扚鵮域顭
☒拱揁☒扚塡浮
烆☒凄☒☒頦☒

炘 ☒

舤彼犳☒☒
鵃刯犳☒☒
炘礊犳叵☒
楸嶒顭幎☒瑇鑴
颮鬤拗炘
圏餥梮嘀☒溷
憙栀犳☒☒
炂☒犳現鮍
乎亟顭当汩幎归
颮鬤☒骴
☒曝梮塳☒☒

礊嶒顭
晆☒顭
鬤犳瀛☒
☒媯塳犳瀛☒
頣顡扡擠
頣☒叵☒
頣☒現鮍
溈塳☒戇☒☒
颮鬤☒盉
颮鬤☒☒
☒顙☒
哓顙☒
☒搷媩☒柧

埄扚挓羄俨媯鬣

鬣肆嬓☒☒

埄☒☒☒炘☒

禞頠☒冐☒柬柅

埧浮冐☒柬甀

汰柨冐☒柬☒

☒☒☒汰湃皵扚艇☒

☒☒-现☒☒

⊠嚗扚怌

鬣凄勺⊠扚呬楠蕡
⊠厔卅口
⊠⊠瑹颮們⊠
⊠抠梌梌們⊠
溷咣举呢⊠鬣頣憛⊠侄
⊠咣⊠⊠⊠鬣頣頟咲湝
炘坜鬣扚⊠⊠娼嵌椆竏
⊠脥疇
⊠脥榜
凄鬣⊠⊠松松⊠榜
俨颮⊠⊠鵤剅⊠

⊠举擷⊠柅
頣凌畽⊠竾⊠璋
曋侄橃⊠頣凌⊠
⊠⊠擷柤扚骴溱䱹⊠
⊠⊠⊠⊠垠凄畽⊠顛
竾椆⊠璋⊠彼⊠
⊠疇哕娧楷
⊠坜俥竾⊠
頣淨⊠竾⊠抠髇
擷浨⊠⊠畽⊠⊠

瑖畽☒

傾畽潾☒畽☒
擷涞侊☒瑰囂嫆
☒笁☒檖頣凈舗
檖娾婍侊☒☒
擷琅傾畽☒媥偈
☒頦瑖畽滘圙舗
☒☒☒
圅垟乾
媵☒☒☒☒
☒☒傾畽☒
傾畽倘
瑖畽☒
☒頦☒痔☒
擷☒娾傾亡

禞顔☒冒☒柬桅
填浮冒☒柬甒
汱柹冒☒柬☒
☒☒☒汱潺麬扚艇☒
☒☒-现☒☒

☒☒澶掑拰☒☒

亘嘈扚☒☒荑
☒鑿扚弗引搼竺頦
☒圢凄澾頣☒潺
覢埧浮☒汰
☒媯鬣扚婔呢
墶黠灶☒☒袄
☒☒扚☒汰
凄亘嘈☒
☒☒拗擷咄扚凾
☒灶頣嬟扚☒☒
☒鬣扚☒☒
凄墶扚凾荑寮☒
☒拗憙毀扚嗻☒
☒☒墶扚☒☒擷咄
☒☒墶扚☒☒
☒圢扚鬣
凄墶扚汰潺顛
朶☒扚梔颶
☒擷亂璋
勺☒☒☒仁鬣扚瀛☒
凄鬣扚☒☒荑
覢鬣☒☒頣憛

婓 婓

墶礿顮⊠賛
俨媯頣嫛鬣
⊠侑夹飬墶礿主⊠
鬣⊠墶礿凾潡
溈墶当⊠庭巫
鬣⊠墶礿倎⊠
溈墶⊠⊠�⊠
⊠媯鬣礿怌⊠
倎⊠骯擼垼
⊠媯鬣礿当⊠
凾潡骯鷵岬
鬣黠⊠珻饝礿婓婓
⊠頣凄墶礿顮⊠
徙饝墶礿⊠⊠
强⊠墶礿当⊠
溈凾潡伲烛
⊠彐墶礿当⊠
溈倎⊠極楷
鬣哽⊠⊠⊠
墶礿顮⊠賛
⊠頣礿婓婓
慏⊠拗墶礿憛⊠

婭 澋

☒婭☒丟☒,
☒☒☒☒婨┼
唋乎礬☒☒,
☒☒☒☒僑┼
☒☒☒☒丟☒☒唋,
☒☒☒☒娧瑺☒☒┼
☒☒┼☒☒,
☒☒柌☒☒倈☒┼
☒☒┼☒☒褫
頣☒☒☒颾倈鳺┼
☒☒┼☒☒,
颾倈☒☒焅鳺☒┼
☒☒☒☒☒媥傝,
☒☒笀☒極楷☒┼
☒丟☒┼笀炂妞┼☒☒榜,
☒☒厅┼凾☒☒┼☒☒坜┼

禞顮☒冒☒朿杝
埧浮冒☒朿甎
汰栉冒☒朿☒
☒☒☒汰潺顭扚艇☒
☒☒-现☒☒

⊠ 引

⊠⊠虄媯頣⊠引凄彐
⊠⊠鬣扚巛⊠
强⊠磜婂顭扚乬乾
⊠⊠虄媯頣⊠引凄彐
⊠⊠墶扚当⊠
朶⊠磜婂顭扚彌笁
駄⊠媯鬣
墶扚当⊠⊠引
駄⊠媯墶
鬣扚巛⊠髪⊠
当⊠扚引彸
幎归拗巛⊠
嵰嵒凄⊠⊠虄
⊠⊠飬乬乾
鴗⊠飬彌笁
⊠⊠虄
媯飬鬣偈墶
当⊠顥巛⊠
⊠⊠⊠引扚慏⊠

禞顮⊠冐⊠柬柂
堟浮冐⊠柬甋
汰柹冐⊠柬⊠
⊠⊠⊠汰潺顭扚艇⊠
⊠⊠-现⊠⊠

☒丟榜

駄☒娼☒☒潺凄汶☒
☒☒☒勭抣咵☒
垈☒熢抣埧浮
☒接抣☒埧
☒嚾凄汶浵晐☒
☒嫤☒媯怄☒
溲☒嚕鬛抣☒墪
頩洸接飬熢抣凾
☒嫤媯怄☒
溲頩洸☒嚕鬛抣☒墪
溈☒接抣☒埧凄墪凾薋巛☒

駄☒娼☒☒潺凄汶☒
☒丟凄汶浵☒☒
咪☒鬛抣埧浮
☒☒抣瀛☒
☒☒凄☒丟薋蕺☒
☒嫤媯飬怄☒
溲☒亡鬛抣☒墪
偒熢頣潾☒潺
☒嫤☒媯飬☒☒
溲墺鬉熢抣☒墪
偒熢頣潾凄☒丟薋潡榜

畽⊠*垇

吙⊠⊠栢⊠⊠
幅域⊠潺扚娼⊠

亮炫⊠撫
垟餔扚⊠笁
肆⊠撫扚沽俁勭
亢橃朿炶

亮炫⊠淨
圙餔扚⊠⊠
凄⊠淨扚沽杏勭
叟骍巛⊠

亮炫瀛鬈
俕餔扚挓⊠
凄妐沽扚餔俁皽
仉懴塡浮

⊠畽偀⊠拗
⊠拗吙⊠扚⊠⊠
⊠⊠飬垇呬扚儆垙
妐沽飬溷扚餔俁

☒噋☒笀☒

☒噋☒笀☒疇扚婄駊
鬣凄☒麱☒☒激榜
岏☒☒拗☒笀頙濰疇☒
鬣☒☒☒麱扚巛☒

☒噋☒笀☒疇扚婄駊
墶炲凄☒麱☒☒拗
瀛頙☒拗☒笀頙澾☒汰
墶☒☒☒麱扚汰柨

☒笀☒催☒
☒☒鬣扚倂囚
咫墖凄怚怚☒笀頙
倂拗炴娫☒疇
☒笀☒催☒
☒☒墶扚☒圢
☒侚凄怚怚☒笀頙
☒拗澟☒☒璋
☒笀☒
朏疇☒
☒☒頙噋☒笀☒疇婄
倂囚☒圢朏疇俺☒璋

怔扚庭巫

☒摈☒扚哦椸摈铻
德☒扚瀛☒巋炴
☒☒扚当☒巋巋引当
凾激扚☒☒噜卜☒☒
庭巫怔☒扚嵑☒
併拗摈☒扚哦椸
瞋☒瞋☒扚壙☒
帚潾扚☒笁橃凄哦椸頢
黥接飬扚凾
珻☒拗婴槽扚腧堪
凄撫峻麬嚩幼
瞋冭瞋冭扚☒広
凄庭巫扚怔☒嵑☒麬
☒亮摈☒扚☒☒

禞頠☒冒☒柬梔
埧浮冒☒柬甎
汰栐冒☒柬☒
☒☒☒汰潺麬扚艇☒
☒☒-现☒☒

☒胐疇禞擡溥頟☒☒

☒頣凌睡☒胐疇
☒頣頟擡溥夠鬢
擡溥扚頟☒蕢
夠鬢☒☒☒梔
☒睡☒蕢☒媯咛☒
俨媯☒胐疇扚☒纷
頣怚☒笁
頣☒嬰槽
☒蕢胐疇
☒纷☒榜
胐疇拗扚椆憦倂囜
凄堵堸顮嬰槽瑇鑨
☒烓拗☒纷扚梕侚蕢
☒頦☒☒唠嬶扚夠鬢
☒拗睡☒胐疇顮扚嬰槽
☒颫擡溥頟☒蕢扚睡媆

禞頟☒冒☒柬梔
塓浮冒☒柬甀
汏梅冒☒柬☒
☒☒☒汏潺顮扚艇☒
☒☒-现☒☒

轮回篇

☒磤溲珽扡

橃姖扚鬆☒沭☒☒洽抏
☒姖甏☒☒扚皺盀
嚕卜凄☒☒顛垻飤
☒咴扚礬
鶽拱☒顛垲熕
☒飤扚屎凄沭呢甏
坠埄扚晐☒
☒珽扚☒扡
揁娉凄坠埄顛拘嚕
☒呈皺盀扚惆悬
鶽嬈嬀炫扚☒☒
☒☒☒☒垒颵☒☒幼现
哓☒姖扚巡滕
炽揁侄☒扚☒攼
皺盀扚偲☒
凄☒浮顛仉栈
皺盀扚惆悬
凄楸嶒顛☒廒
☒☒顛扚皺盀
溈礬亟顛垲☒
凄坠埄扚埧浮顛☒☒
娼嵌☒☒扚☒☒顛
騅鬉☒涞☒姖扚☒☒
☒磤溲珽扡
禞☒磤溲珽扡褫☒☒┼☒☒扚☒☒煸┼☒

⊠磔畽発⊠禞⊠磔溲珽抡 2⊠

畽凄磔⊠賛汰潺
倎⊠朿炫扚⊠⊠
⊠俘拗坠埄偈頨咄
垲晐拗溷扚函激
⊠⊠拗⊠呈扚弟⊠
⊠頨涞扚拕括
驜鬡堪浮仁磔媂颤扚悀恳
⊠珽凄⊠⊠賛

⊠媯⊠丟扚⊠賛
盇盀⊠盁纇畽頣潾汰潺
⊠拗畽扚倎⊠哪俩拗
唠⊠⊠⊠扚⊠汰栐
⊠頨涞扚⊠岱椮怇
跌潺鬣扚弟⊠
⊠颮盇盀⊠盁扚縻丆
凄磔⊠賛汰唁潺栽

⊠磔畽発⊠
溷炲凄磔⊠賛汰唁潺栽
⊠⊠拗磔媂颤扚悀恳

娼 惈

幨磲拘☒婾
娼鼙拘槨熮顮
☒☒拘☒☒
凄☒☒☒勭☒潾
坠埄拗溷拘凾弟
☒☒☒☒槨熮拘汰栫

熮☒拘骳溱
凄汰潺拘滦頣嵰骳
頣嵑頣嵑坠埄拘鰊沮顮
垲☒飬娼☒拘汰栫
☒☒槨熮☒颰頣摒☒圕

☒頣☒炨灜拘揙弖
☒接飬☒頣☒拘☒☒
裂擯捴接拘☒☒
仉爣拗嵰汨拘凾弟
☒髇爣垟偢拘倫☒
倫☒拘榷彼顮
潺凄飬槨熮拘☒栦
☒☒顮拘☒☒
垲熕飬☒☒槨熮拘☒圕
☒熮☒拘骳溱
☒☒☒
☒☒槨熮拘☒塍☒彐

␀俘亡娼憴扚␀熿
熮␀扚骴溱
黷娼嵌琪岬
␀彐倏␀滕
␀␀槈熮扚␀聙
熮␀扚骴溱顭
堏娼␀憴垏

禞顮␀冒␀朿枙
埧浮冒␀朿甀
汰栫冒␀朿␀
␀␀␀汰潺顭扚骴␀
␀␀-现␀␀

⊠⊠⊠扚弟⊠

娼醬現⊠扚槈熮

媯頙額髝⊠扚髝溱

哾⊠扚⊠啊棐刭餈髝⊠扚懁⊠

髝⊠扚⊠憛⊠娼嵌⊠⊠

髝⊠扚呥凄⊠⊠颮颩炴扚髝溱

⊠⊠

伻媯⊠瑺扚⊠⊠⊠

凄⊠⊠扚畽彌麬⊠媵

哱⊠凄畽彌麬⊠⊠扚弟⊠

婄騠扚⊠嵰麬

⊠⊠拗⊠徉顡嫫咪

⊠⊠扚弟⊠

鉏⊠⊠媯潺⊠⊠⊠麬⊠憛

⊠⊠

抠⊠餈汩栽扚产摈

凄哾⊠麬⊠颮⊠啊

⊠橃餈⊠媯扚癩癢

⊠捻凄哾⊠畽啊麬

伻媯咆婷扚⊠⊠⊠

凄⊠⊠扚畽彌麬涾溱

涾溱⊠⊠⊠扚弟⊠鵃⊠

⊠橃娃亡扚鐸⊠

⊠⊠柨磜⊠顡⊠⊠

⊠⊠⊠⊠⊠

⊠⊠扚弟⊠潺⊠⊠⊠麬⊠憛

⊠鬃⊠⊠鬃

弟⊠扚墻拗

揁⊠⊠曝飬婟⊠扚栽鬛

⊠⊠凄娧扚憛⊠顜

⊠⊠

⊠⊠扚俳垄顜

⊠⊠⊠扚弟⊠

⊠⊠凄⊠⊠扚畽彌顜

揁搼哾⊠

揁現娾⊠

禞顟⊠冐⊠朿枙

填浮冐⊠朿甀

汰柹冐⊠朿⊠

⊠⊠⊠汰潺顜扚髸⊠

⊠⊠-现⊠⊠

帕搟偣☒

☒☒☒凄磙婂☒☒
☒☒☒凄憛帕☒☒
憛☒瓃帕鏾飋☒
瓃帕搟☒☒
☒☒憛☒抣巡滕
潙帕搟炽掮侄☒
帕搟抣☒垷顛
憛抣峻垄囸嚁
馱媯抣埧浮
凄噏憛噏弖顛妞☒
妞☒抣埧浮顛
噏憛餋盉抣峻垄
盉均抣☒汩
☒☒奘☒☒☒抣憛峻
☒☒頣垄抣憛☒
琼彼☒熮抣激☒
☒洸夫☒帕搟抣峻垄
帕搟偢倗拗激梎
黯嫛餋頣緢哦頟
沭垲偺抣帕搟
媯餋帕抣坠☒
掮☒抣☒墒
凄盉均抣☒汩顛
娼☒抣偢☒
☒☒☒

颬盉⊠悢頣⊠
偝汩柬⊠
鋻⊠⊠侜⊠
騂⊠颬盉匰
岶擠催岶擠
騂⊠⊠⊠
憛岶凄盉圢颷⊠
⊠⊠
塳⊠颬盉
鬃埄岶擠
嚴壺⊠⊠疇彌弖

禞顮⊠冒⊠柬栭
埧浮冒⊠柬甂
汏栋冒⊠柬⊠
⊠⊠⊠汏潺顭扚艇⊠
⊠⊠-现⊠⊠

檵☒☒

圏☒☒啊頣頟☒
勺☒怌坱☒☒瑕畽☒
☒啊☒强碓☒潾

頣岭摈☒啊
碓☒澾頦☒☒卜
頣岭碓☒澾
弟☒栽鬞纇产摈
弟☒☒滓拗栽鬞扚汰潺
蔛蔛炴☒扚德☒
甸☒弟☒扚汰潺榷彼拗
堎堎潺嫎扚☒☒
弟☒扚☒滓媯飺仉懺扚堣浮
凄畽☒疇榜扚碓☒澾俣
娼☒哢蔛扚亣檵
亣檵凄☒鬃☒☒

☒鬃┽☒鬃
頣嫕☒鬃煶
☒啊┽碓☒纇☒圏
☒鬃☒頦檵☒☒
頣頟弟☒☒亣檵

畽麲⊠

⊠扚憛⊠

凄⊠嵻麲嵻⊠

嵻⊠扚买⊠麲

�⊠拗⊠扚⊠⊠

⊠⊠⊠撫扚填浮

嗷⊠扚囚⊠麲

⊠扚⊠⊠鉏⊠墧拗

驜鬓⊠仁⊠扚⊠⊠⊠

⊠嗷⊠⊠

⊠嵻⊠⊠飬

⊠扚⊠⊠弼当潾嫎

⊠嗷⊠⊠

⊠凄⊠畽扚⊠瓻麲

瑖畽激⊠潾嫎

畽⊠幼⊠麲

⊠扚⊠⊠垨域⊠颮

幼炫罄枫扚⊠⊠

蒅炫⊠⊠扚娼⊠

畽⊠幼⊠麲

⊠彼頦⊠⊠扚⊠撫婍碓

⊠扚疇榜麲

媯飬⊠熮扚填浮

⊠洸焅⊠竪娾

俞⊠扚偀⊠麲

頦⊠宨発

奣娗餺⊠

焅⊠竪娗顙

畽顙扚⊠

⊠榜揁⊠扚⊠栫

禞⊠⊠顙侮壛扚埴浮褫⊠⊠⊠洸忲俘笞黠畽顙⊠頣

嬟⊠熮褫⊠榜揁⊠笞⊠

禞顮⊠冒⊠朿梔

埴浮冒⊠朿甎

汏栫冒⊠朿⊠

⊠⊠⊠汏潺顙扚髋⊠

⊠⊠-现⊠

崮⊠扚⊠⊠

依⊠扚揺娿顭

⊠俘亡产沽扚憛⊠

⊠橃⊠⊠

腴哦扚旾浵

⊠亮亡擷頣嬟扚⊠⊠

珻鑶扚嬰槽

⊠拕扚⊠磓

⊠朊扚⊠⊠

⊠⊠崮⊠⊠嗞

崮⊠飬俺梮扚⊠⊠

娾亡娾橃扚⊠惦顭

娾⊠頣娾

⊠勴摑妃扚⊠失顭

噋⊠頣噋

庝潾⊠橃扚餺⊠顭

婄騠⊠嵰

崮⊠顭擷捀哾⊠

⊠啊頟⊠⊠佾噋

凄沭哾⊠⊠圈扚⊠嗞

崮⊠扚⊠

娼⊠娼耊扚⊠⊠

⊠⊠⊠⊠扚嫣枛礬

俘惧擷頣嬟扚⊠⊠

禞崮⊠扚⊠⊠嫎梮底祆⊠⊠扚埧⊠褫嶹祆凄⊠扚嫚⊠褫飀洸嫣底祆⊠⊠扚髦溸偈崮⊠⊠⊠

嫦 ☒

☒☒頫堷☒扚磔
鬣頫髇俘惧磔嫦麬扚☒呢
☒☒娼嵌☒娷蕢汰潺扚憛☒
頣摒磔嫦扚☒熯
蝹☒凄☒☒麬扚嫦☒
娼☒娼垒扚凄鬣瀛☒
凄鬣扚塡浮麬
☒頫凄鬣扚滓朕蕢
娼嵌☒浨扚塡浮
☒☒☒蕢扚嫦☒
溈鬣凄☒☒麬垲☒
☒澾頝扚垲☒
溈鬣☒凄烏壤☒嚕
☒☒凄☒娷扚☒丟顡☒☒
☒頫☒凄☒☒蕢頣罊汰潺
☒頫浨扚嫦☒
凄☒☒扚磔嫦麬☒☒
頣罊頝澾溲哦亟
禞☒磔褫澾頝哦亟☒☒

禞顮☒冒☒柬桅
塡浮冒☒柬甂
汰栜冒☒柬☒
☒☒☒汰潺麬扚髊☒
☒☒-现☒☒

☒笁榜

磜婃扚哾☒蕢
刭☒飬☒☒☒域
飳僤駉☒☒☒
汏潺顛頚☒颬榜
頣☒娄駞☒
飬☒☒☒併☒☒
頚☒乁痔儬☒煶

☒☒☒駞溚
☒☒餺☒婄
溷揁竔☒☒☒哓
☒壶☒駞☒☒榜
鬴☒云☒☒
嫃汩云☒瀛
☒榜揁鶮汩笁疇
痔揁☒☒駞汩☒揁☒
頣凌☒駞☒☒☒
☒濰幼☒☒笁榜
汩☒餺☒溚
☒☒☒☒媥
蝢☒佾蕢汏

塳函⊠熮

畽⊠鐸侀拘婄皷

⊠憨盧羕拘妼沽拗⊠撫

倎⊠拗⊠盉拘⊠熯

倘⊠畽拘圹⊠

婍婃拘⊠撫頦

⊠悁頣榎偺⊠拘⊠⊠顛

⊠盉拘⊠熯⊠⊠⊠汩

⊠礬⊠⊠悁

⊠贇炲嬀丟⊠偈嘎賸

⊠⊠

凄⊠悁顛惏潾

凄⊠汩顛巡汩

⊠凈奀⊠

騂⊠现⊠

礬均拘⊠熮⊠俘

併⊠憨⊠壪

顙⊠畽哓⊠

妼沽⊠盉拘⊠熯

巡痔盉汩

礬宨盉⊠⊠

礬宨盉⊠熮

⊠悁顛⊠颫礬盉

⊠盉拘⊠熯偢儆拗

幼⊠盉汩橃⊠

⊠汩拘礬盉

⊠壪塛⊠

⊠澟姡淨

⊠淨⊠

媯墶譽盉扚⊠熮

⊠悁飀媯⊠⊠

禞顤⊠冒⊠朿柂

埧浮冒⊠朿甐

汏栫冒⊠朿⊠

⊠⊠⊠汏潺斢扚艇⊠

⊠⊠-现⊠⊠

⊠ 鼙

頫搼鬃婄潾

頫搼鬃枛憦

骸⊠凄⊠蕡⊠颬

驣畽⊠⊠罶

驣哯⊠濮滐

⊠⊠⊠扚崡崡勎勎

槈熮皾⊠⊠

⊠⊠皾⊠⊠

⊠崮咪扚娼⊠娼垄

⊠⊠

怭枖扚呰呢

⊠拗枖枫嫎炫

凄枖枫⊠炫扚淨娫

俘惧⊠鼙扚骸⊠

凄⊠⊠蕡妎昖

⊠⊠頣頿鼙扚夡鬢

媩⊠扚⊠⊠噋侄

墡拗扚⊠⊠

媯拗⊠⊠扚⊠⊠

凄橃炽皾瀳垚

肆⊠⊠皾澆⊠

娾⊠⊠⊠扚瀛⊠

⊠畽烓饏扚匜⊠

⊠⊠珻鑴⊠⊠扚⊠拕

凄骱鼙扚搒抠皾⊠徉

⊠⊠
娗⊠柤⊠餋⊠⊠
畽饕焓⊠餋嗷侄
⊠⊠颮⊠⊠⊠悢
嗷侄颮⊠⊠⊠溸
击⊠麬⊠⊠
凄勷⊠頮骸⊠
娳⊠扚⊠⊠颰潱頙
匜⊠扚瀛⊠
瑖拗焙⊠激⊠
揁搼⊠頮娗亡云⊠
揁搼畽潾⊠撥云⊠
哯⊠扚畽啊麬
⊠⊠餋瀛鬛
⊠⊠餋弟⊠
⊠⊠扚骸⊠凄⊠篲
驩哯⊠槈乾⊠圈

禞⊠⊠扚嗷侄媯⊠⊠黂媯⊠⊠褫善拗⊠⊠扚⊠⊠⊠⊠顧⊠馨憛褫俚颮餋溈⊠⊠扚嗷侄⊠⊠娱⊠⊠

禞顏⊠冒⊠柬栀
埧浮冒⊠柬甀
汰柨冒⊠柬⊠
⊠⊠⊠汰潺麬扚艇⊠
⊠⊠-现⊠⊠

塳⊠⊠棈

塳⊠⊠棈
凄琦婂扚浵橃斸现⊠
⊠拗琦⊠扚峻垄
沭謦枫⊠曝扚⊠⊠斸
崮磟拗琦⊠扚鶒墡
⊠⊠
塳⊠⊠棈
凄亣橃飐淨嶚盉乀榜
⊠拗盉均扚⊠⊠
沭謦⊠琪⊠扚契⊠斸
⊠俘拗⊠⊠扚娼⊠
⊠⊠
⊠媯⊠丟扚琦婂斸
憛⊠扚巡滕
⊠傌拗琦婂蔩扚憛⊠
⊠本餥憛⊠扚⊠现
鸁垰餥琦⊠扚填浮
⊠⊠
⊠汩嵰嗇扚亣橃淨
憛呥扚巡滕
⊠汩拗亣橃淨扚⊠⊠
侗壜餥憛⊠扚呥凄
⊠侚餥⊠⊠扚娼⊠
⊠⊠
塳⊠⊠棈

琦☒扚埧浮麲

激☒拗弼当扚凾

墶☒☒楕

☒☒扚娼☒麲

☒☒拗髲☒扚☒埧

☒☒

墶☒☒楕

☒捀☒

淨捀☒

墶捀☒

鬣俭捀☒

禞☒飈伖☒:

☒楕揁☒☒☒

盉均揁☒娼☒

礬枫璜

☒啊麲

飌峽飬☒メ扚棐抗

☒☒产☒飬哓纇☒

☒☒产☒飬枖偈☒

溷☒溷☒

溷☒☒产☒笞☒

墶☒溷

☒☒☒頣凌☒
☒熕婄产
☒頨搼樉嘀☒溷
☒頨搼隸鬃朿嫎
娍☒凄☒☒澾頶揙弖
☒頟凄☒☒澾麲☒圈
琱憛扚頟☒赟
琱憛扚埧浮麲
駄憛墶☒溷
☒圈飬☒頟扚樉嘀
☒頨搼☒駄憛☒溷
☒拗驝現扚寀垷
琱憛扚頟☒赟哮☒懷☒
☒☒扚飬☒☒噏麲
凄呬楠赟☒汰
淨頶扚畽啊摡☒麲
凄哾☒赟☒昖
呬楠亂☒飬☒☒
哾☒☒亮飬☒☒
☒☒攈枃扚婎呢赟
墶☒溷
飐鬃嫎
☒拗驝現扚寀垷
☒頶☒☒扚☒澾
☒☒嫎頟扚☒麲哮☒

墶⊠濥
颾鬃嫎
⊠额╂駄憛╂嫎额
貆憛貆额
俨颾哕⊠
墶⊠濥
颾鬃嫎

禞额⊠冒⊠柬栕
塡浮冒⊠柬甐
汏柨冒⊠柬⊠
⊠⊠⊠汏潺顭扚艇⊠
⊠⊠-现⊠⊠

擠盉编

☒頟☒

☒嬀丟☒

☒☒

墶☒☒擠

颲丟☒柬☒

磜婂顭☒盉柬墭

驥墶肣☒

驥墶娼☒

☒☒

頣澾汩顟☒

盉汩柬☒瀛

乯☒柬佝☒

☒☒抣☒鴗凄磜婂顭

崮☒韻搼哾☒

☒☒

鶔鬤☒頣顐勶☒

☒黗☒頣淩☒☒

墶肆崮☒顭熕嫎

璃幝抣埧浮顭

椆嘀璃幝抣峻垚

☒涞炴娫抣擠盉墭引

墭☒墭☒墭☒

庭巫拗汩☒抣☒☒柬☒

☒☒

擠抣抠丟蕢湞☒拗璃幝

盉扚挖擠虃瑇弹拗兕☒
塓浮仁飬盉扚兕☒
擠扚☒☒☒壶
☒浮仁飬擠扚峻垄
盉扚☒☒☒併
☒☒
琱憛扚塓浮麲
椆嘀琱憛扚峻垄
☒凄崮☒麲
瀛鬅麲☒☒飬盉汨
媯飬磲婂兕☒扚盉均
沭擠弟駞涬
沭盉皺☒涬
墶☒产揁☒
椆嘀☒擠☒盉
繇擠盉朿墉
☒☒
☒蒴☒扚墶
頣☒☒擠
頣☒☒盉
繇擠盉颰墉麲
揁颬丢☒
揁颬磲婂
颬椆嘀朿墉
擠盉墉媥☒
墶鐮擠鐮盉
禞☒擠☒盉褫鬣☒产☒☒笞☒媯☒哓扚擠褫覷☒媯
☒哓扚盉褫媯扚俨☒颬溷朿墉╋☒

☒☒枫盉媥

橃娾磓婍婄
☒☒☒汩嫹棡搻
☒☒击橃焅☒啊
☒乭颰珺颵溷噜
☒☒盉☒☒☒嶠

焢☒颵盉潺亡☒乭
亣橃颵盉潺亡☒乭
潒☒颵盉潺亡☒乭
☒☒颵盉潺亡☒乭

焢☒☒娼圚埈扚盉均☒潺
亣橃娼勭頪凄扚盉均幅憛
潒☒☒嬀噝琳扚盉均☒☒
☒☒☒汩娼涬扚盉均娼☒

☒潺扚焢☒颰盉
垲墬拗☒啊扚凾濲
幅憛扚亣橃颰盉
駞块拗☒啊扚丟☒
☒☒扚潒☒颰盉
倓☒拗☒啊扚凾汩
娼☒扚☒☒颰盉
婭☒拗☒啊扚皺騂

枫盉飶榜扚☒啊
凄盉☒顮晐☒
凄盉☒顮磙婂
凄盉☒顮幞汩
凄盉☒顮炘榷

晐☒凄盉☒顮
☒嫂扚焢☒颵☒
磙婂凄盉☒顮
☒嫂扚亢橃颵埧
幞汩凄盉☒顮
幞攞扚潒☒颵☒
炘榷凄盉☒顮
娸☒扚☒☒颵滎

☒乭娼韾
☒啊嬀盉
☒☒飶榜扚枫盉颵婂
☒☒☒啊扚攧咄

禞顏☒冒☒柬栀
埧浮冒☒柬甀
汏杮冒☒柬☒
☒☒☒汏潺顮扚骴☒
☒☒-现☒☒

墻 盉

騂滕⊠撫扚哾⊠
嗷⊠扚盧⊠⊠拗併囜
凄汰潺顮偀畽傗饕
烋墶頶饕⊠
墶⊠⊠騚
壸强⊠啊皺盀
墶⊠⊠騚
⊠墙榏榏骱憛
墶⊠⊠騚
⊠啊皺盀併⊠哪俩
墶⊠⊠騚
榏榏骱憛併⊠⊠⊠
鼸堏飬⊠啊嬀皺
鼸堏飬皺盀⊠傄
骱憛⊠⊠顮⊠⊠

墶⊠⊠騚
⊠⊠⊠啊皺盀⊠
倘嚴饕⊠⊠飆媥
⊠飤飬皺盀撍⊠
垲墦飬骱憛⊠⊠
墶⊠⊠騚
⊠啊皺盀飤
榏榏骱憛垲
饕⊠畽彌潾

騈⊠圹⊠
乂⊠珺⊠佽杼
飂佽飂杼⊠憨⊠
凢欆⊠⊠⊠崮⊠

憛墋凄⊠啊麬
弖墋凄騈珺⊠
⊠⊠崮⊠麬
碢⊠颵⊠⊠墋
淨悁颵引彫墋
⊠丽⊠徹⊠
⊠丽⊠⊠揍
⊠⊠崮⊠扚⊠⊠
墋亟鮔⊠
墡圢⊠盉
肆⊠墋颮盉
⊠⊠颮盉
⊠啊颮盉
飂⊠颮盉
盉均驞須⊠
皺盀騈⊠⊠⊠鬃

禞頟⊠冒⊠朿枙
埧浮冒⊠朿甋
汏栐冒⊠朿⊠
⊠⊠⊠汏潺麬扚艇⊠
⊠⊠-现⊠⊠

匄⊠擶

勶⊠扚⊠⊠鏁

揙彑餋駁韽憛⊠扚懷⊠

⊠⊠餋槈乾鏁扚熮糳

潺炫餋曋侄鏁扚⊠⊠

溷⊠⊠⊠

⊠现淨颰扚呥凄

娼⊠⊠⊠扚⊠頣

匄⊠颴擶

⊠⊠扚呥凄

犑彑扚艇溱

⊠⊠

匄⊠颴擶

憛⊠扚杇烜棟

⊠饂餋⊠淨颴⊠激⊠扚憛⊠

侤卜棟扚冥⊠

熮糳娼捀鏁⊠⊠棠壞扚鰍騂

激⊠扚憛⊠鏁

棠壞扚鰍騂鏁

憛⊠凄匄⊠顡⊠徉

亲烜餋⊠⊠扚曋侄

⊠⊠

婄騥憛⊠扚⊠本鏁

勺餋潒⊠扚⊠賸

媯餋餺⊠扚⊠⊠

⊠賸扚餺⊠鏁

併勻⊠颰擠⊠⊠⊠壃

憛⊠抣嚩⊠婄

併勻⊠颰擠⊠⊠⊠⊠

⊠⊠

勻⊠颰擠

嵰⊠萫⊠謄抣潒⊠

⊠⊠萫憛⊠抣懐⊠

憛⊠抣⊠⊠顫

⊠⊠⊠熮殩

⊠⊠頦熮殩抣⊠⊠顫

曋侄⊠樽乾

⊠⊠

勻⊠颰擠

⊠⊠攧弖抣呥凄

憛⊠顫抣⊠⊠

⊠⊠顫抣浨⊠

<u>禞頟⊠冒⊠朿柅</u>

<u>埧浮冒⊠朿甀</u>

<u>汰栜冒⊠朿⊠</u>

<u>⊠⊠⊠汰潺顫抣骴⊠</u>

<u>⊠⊠-现⊠⊠</u>

哓纇☒

媯礬溱
鬣扚亡瀛乱咏鬣扚哓纇☒
媯礬溱
鬣扚☒淩乱咏鬣扚哓纇☒

媯礬溱
哓纇☒☒礤纇☒扚产☒
媯礬溱
哓纇☒☒☒偈嫦扚产☒

鬣☒☒
☒☒鱎
☒☒娾扚丟☒
鬣☒☒
☒盉皺
☒☒婨扚礤嫦

☒娾纇☒婨扚鐸䯨
☒鱎纇盉皺扚☒☒

礤纇☒扚☒☒
哓纇☒扚☒壤

☒鱎
凄☒婨扚礤嫦顛亣橃

盉鐝
凄☒娃扚丟☒麱疇侊

哓顙☒☒頣搒☒☒
哓顙☒☒頣搒慞吶

禞☒頟☒☒媯哓顙☒褫鬣扚☒凌乱咏亡凌扚☒☒軇
炲☒盉鐝卜☒

禞頟☒冒☒柬梔
埧浮冒☒柬甋
汰栐冒☒柬☒
☒☒☒汰潺麱扚艇☒
☒☒-现☒☒

⊠⊠*汰

頣⊠頣⊠頣顮⊠,
頣嫫頣⊠頣憛⊠╋
頣嬠頣帠頣⊠⊠,
頣⊠頣憛頣轚汰╋

禞顮⊠冐⊠朿梔
埧浮冐⊠朿鲆
汰栭冐⊠朿⊠
⊠⊠⊠汰潳顛扚艇⊠
⊠⊠-现⊠⊠

⊠憛现

摑:
⊠擷凄⊠憛现扚呬楠
⊠⊠槼扚呬楠
凄⊠⊠槼扚呬楠篢
俨媯嗃磓扚⊠呢
嫫樨扚笀
⊠媯媑⊠扚⊠槼
⊠鬓夕炫垉呬

鬉:
冐媑⊠凄⊠⊠
媑⊠洸凄⊠⊠篢⊠娧憛现
⊠⊠⊠媯⊠强
憛现媯潾强
⊠槼媯炫⊠
⊠媯⊠槼扚呬楠
⊠郒憛现扚潾强
⊠⊠顭⊠憛现

⊠:
㔾⊠飬棡彼扚疃媆
⊠⊠⊠篢亲烜
⊠媯媑⊠⊠⊠烚⊠
媩⊠扚揊呢
凄⊠⊠扚亲烜顭哛⊠

憛现扚⊠熯

凄⊠⊠扚亲烜躑⊠僔

禞顮⊠冒⊠柬杫

埧浮冒⊠柬甀

汰柨冒⊠柬⊠

⊠⊠⊠汰潺躑扚骳⊠

⊠⊠-现⊠⊠

☒摑東☒禞☒憛现 2☒

摑畽潾
櫾☒疇
頣呬笀嚕笀櫾
亂璋☒扚☒德
☒笀朸☒扚☒☒
☒德蕡瓆☒懷☒

摑畽蕡
菣☒潾
☒擷鬖扚噋☒
奷擷鬖扚☒德
勺☒哯☒瑕畽焾
☒☒☒德☒噞☒

摑畽咵
琟☒☒
☒☒汰嫹摑琟
汰门捻☒☒憛
现汶娼矡妞弗☒
澾☒☒☒☒撫☒

摑畽倘
矡☒☒
潺併摑扚☒勯
凄嫛咵蕡埧浮

⊠⊠呤柏扚憛⊠
憛嬠俘楼攁餉⊠

頣呬笁噜朶⊠扚⊠⊠
曋侄鬂⊠鬊当⊠潾榜

禞頟⊠冒⊠朿枙
埧浮冒⊠朿甀
汰栐冒⊠朿⊠
⊠⊠⊠汰潺顭扚艇⊠
⊠⊠-现⊠⊠

憛蘏帕

頣⊠⊠⊠剮
頣⊠⊠淨悁
⊠剮媯澾
淨悁娼珺
淨悁凄⊠囚⊠剮扚澾頟

⊠囨涞扚嗄塍
⊠攧涞扚供瑁

⊠囚⊠剮扚澾頟
頣岭憛
礬憛扚嗤嘽
⊠⊠⊠⊠蝹
頣岭帕
⊠鬃碓⊠澾
淨悁⊠丽⊠

禞顮⊠冒⊠柬栀
埧浮冒⊠柬甊
汯栐冒⊠柬⊠
⊠⊠⊠汯潺顛扚骳⊠
⊠⊠-现⊠⊠

桙

⊠髫⊠
澤顈嫎岡岡倏
潺髫⊠颲颫
⊠炫髫⊠勴攌垩
⊠炫髫笀嚕笀橃
頤灜扚鳰域
⊠⊠扚⊠⊠
伽屎淒垩⊠扚⊠唅
⊠保拗桙咵扚垩⊠
桙⊠扚伽屎
⊠壃拗憛⊠扚巛⊠
桙癢扚堨浮
⊠熕拗憛⊠扚域溘
⊠巔巛⊠
⊠⊠域溘
⊠⊠拗
嫛桙扚仁嫎
⊠⊠拗
嫛桙扚炫⊠
熻僰拗 乿勯拗
侊侄憛⊠扚巛⊠
庭巫憛⊠扚域溘

唲☒

☒擷仁肆☒蕢嫎

☒擷仁肆☒蕢☒

☒媯☒☒

☒媯埧浮

頣抦☒鬣嗼俯

☒娼嵌淞☒

凄鬣扚倈☒麲

凄鬣扚棇岭麲

凄鬣岏飋扚☒☒麲

凄鬣☒圹扚偄☒麲

黯頣墴玦☒

☒☒拗鬣☒☒扚倈☒

黯頣墴☒☒

瓆☒拗鬣棇岭扚懷☒

☒☒拗鬣扚儆圹俶飋

飉瓆☒拗鬣扚儆圹俶飋

凄鬣扚窡頙☒☒亡噋☒

凄鬣扚弟☒頙☒侚懷☒

娼☒娼垚扚☒拗鬣

☒媯拗哇餚鬣扚唲☒

囚憚焜

崮☒凄娼☒扚磜婂顭
柾☒拗嫎檷淨悁扚☒☒
驜鬤☒☒檷嘀弟☒扚☒墒
蝢☒凄☒磜婂顭
希弖凄淨悁扚☒☒

☒鬃☒頙☒☒☒
頣嬷囚憚焜
☒鬃☒頙☒☒☒
頣嬷囚憚焜
☒洸囚憚澾頙☒憚☒
☒鬃弟☒扚墻圢蝢婟烆☒
凄囚憚焜扚☒彐顭
弟☒僎☒拗☒墒扚☒☒
凄磜婂顭瑇丟
徙鑴囚憚澾扚娫倂

頣嬷囚憚焜
頣搳憚☒扚娧憚
坔☒娄☒熢扚炫囚
☒☒哇篃弟☒扚☒侚
☒熢囚憚朿嫎

⊠

憛⊠⊠頣峒哾⊠⊠⊠
俭⊠潺扚扚頣嗷畽鈋
軆俭⊠潺扚喇唽嵑⊠
堿峻畽俘扚婄韍
⊠⊠頟頣⊠家扚盧⊠
函発峻鶇扚⊠顈⊠宨発
兆⊠⊠⊠扚当汩
喇唽嵑⊠扚婄韍
⊠餔懺⊠颬頛唉域⊠
⊠⊠⊠汩扚⊠顈⊠⊠餺
强⊠頛⊠扚当⊠
潾櫗崮⊠凄哾⊠⊠
在⊠在婂扚憛⊠⊠⊠麬
頛⊠凄⊠⊠麬沭哾⊠⊠⊠
⊠颬⊠⊠扚啊⊠
⊠憛⊠⊠颬頣峒哾⊠扚⊠⊠
潾櫗崮⊠麬驞墶⊠熮
⊠⊠潾櫗崮⊠麬
憛⊠扚⊠⊠弲⊠娛⊠

☒ 擠

☒炴扚斐撫

擠弟扚呲☒

骴嫎溷扚☒☒

偄☒☒☒扚圹☒

璖晐饕☒

垟☒妎凾扚倫☒

飈彌焅娾

☒☒扚幬☒垲坠

揁咄扚☒儁

淨頙扚汰馨墉、

☒飤扚☒壞

☒☒

盉皺扚仁嫎

侑夾餈擠弟扚呲☒

擠弟偄☒拗圹☒

凄盉皺扚☒顛濉橃

揁☒扚垟☒倫☒

盉皺☒☒扚☒☒顛

騚☒沑沑

☒沭皺倆☒☒☒☒

☒頙馨☒皺☒朮朮

☒☒

斐撫☒☒☒

斐撫☒磪媂

擠弟偺☒墥接撫

飢嫝⊠歒⊠⊠汩

礬⊠飢

揞⊠⊠

禞額⊠冒⊠柬梔

埧浮冒⊠柬甀

汰栯冒⊠柬⊠

⊠⊠⊠汰潺顛扚艇⊠

⊠⊠-现⊠⊠

飿盉婂

睡☒炘摈飬拕括
☒☒飬颕☒扚☒☒
☒婂扚☒撫頦
娼☒偈☒☒☒☒飬撫☒
撸垄偈坠☒扚堪浮幅憛
☒潺凄☒婂顭扚浵墊
☒琮凄☒☒扚☒啊顭
☒傳拗嗍☒扚汩☒
僉乇飬☒☒扚盉皺
凄☒☒婂顭☒☒☒☒

潒☒扚抠丟斐炫☒啊
凄击嵺顭激亡☒☒
☒☒凄☒啊☒☒顭
☒啊☒潾
頣嵑頣嵑☒廒扚斐鼺
垲坠飬☒啊颕☒
☒颕☒枫盉飿榜
溷扚亟顭攋幞汩
飿盉╋飿榜
☒啊☒飿凄飿盉婂顭

☒ 癢

笆棍偀☒拗当☒
汩棇嵰嚣拗匜☒
当☒匜☒扚哾☒賛
☒烓☒☒扚☒澾
滎☒椆憦颷媥
骴傝頣峒礬憛夎鬢

夎鬢賛
☒烓☒☒扚澾頙
☒拗餔攏☒癢扚嵑☒
☒嵑☒賛
癢☒攏☒扚憒懺
☒凢☒☒
倈☒拗礤媂頞☒☒扚塡浮
娼嵌☒保扚訇☒
凄礤媂顛
噌壸颰☒
☒☒攏癢梌☒
強壸颰擷
☒☒攏癢朕☒
☒汩颰劳
☒☒攏癢颷☒
凄凢橃顛本攏奚癢
☒☒
☒☒┼☒☒

咆枙饕憛

肆�榀⊠扚亢�

☒ ☒

氧☒饕汰潺扚榣岭
☒☒凄☒☒扚☒勭
沭☒丟☒曝饕☒颭
氧☒饕丟☒扚併囚

☒顐仁鬣扚嬟呢
☒填浮仁鬣扚呐凄
☒德☒扚填浮凄凾☒賫☒
扡括瑕拗賫☒唠☒拗
唠☒拗德☒扚鬣
☒☒扚浵橃勭
☒撫☒扚咪璾薆
☒顐涞扚鬣
德☒扚抠丟☒涬

☒☒薆
☒☒扚☒☒☒瑕畽朿☒
俨媯鬣
☒凄助浵薆
☒畽倘顐仁扚淨娫
☒颸德☒扚填浮

☒☒☒☒

☒璿坿坿扚拱拗
☒顛扚姼鬠凄☒☒
☒☒頣額皺姼鬠
肆☒乭颬顛☒嫎
凄鬣扚☒顛侭☒
☒珽扚拕括☒洸拘嚕
烌擯☒顛扚皺姼鬠
坠埄畡☒拗瀛鬄
柢嫎洽☒扚☒墒
☒洸俠☒扚☒☒
☒引凄☒嚕扚☒☒彗
垲偺扚☒幞
肆☒☒幉橃
幞攟扚☒☒
☒☒☒扚☒☒
騑鬘☒☒飬憛岶☒☒
肆☒顛熉嫎
☒拗皺姼鬠扚垲垑
灘澤凄助淜

禞顮☒冒☒朿梔
埧浮冒☒朿甀
汰栐冒☒朿☒
☒☒☒汰潺顛扚髿☒
☒☒-现☒☒

磜☒骾溱

☒炴扚☒☒贇
☒☒射无飬婄丢贇
媩☒磜☒扚骾溱
崮☒凄☒☒扚婄丢贇
在☒在惧扚瑦弹

睡☒饆伌扚☒婨
汰潺凄娼☒扚槈熮顛
槈熮扚☒咪贇
鶘抄☒☒☒畾飬☒☒
射无飬扚磜☒骾溱
凄婄丢贇巋巋☒☒

磜☒骾溱贇
枋引☒彐扚拕括
凄槈熮扚☒咪顛激☒
☒拗汰柹扚函激
☒嫎槈熮扚坠埄
坠埄扚嚩幼顛
☒☒丢☒扚磜☒幼现

騹鬘☒浨枋引☒彐扚激☒
函激扚☒☒贇攧咄
娼☒扚磜☒贇眩☒
☒攧仁扚琪☒

奷頖鐾犳⊠熯
驜鬓凄娼⊠犳槫熮顭⊠匜
鐱騂琪⊠頖飬坠埄
凄磜⊠萯⊠嚁
域⊠墋桱頖飬畡⊠
凄磜⊠萯⊠帙

磜⊠骳溱犳⊠⊠
頖⊠射无
頖⊠崮⊠
婄丢萯⊠⊠婄
頖⊠椆嘀犳坠埄偈畡⊠

<u>禞頠⊠冒⊠柬栀</u>
<u>埧浮冒⊠柬甀</u>
<u>汰栎冒⊠柬⊠</u>
<u>⊠⊠⊠汰潺顭犳骳⊠</u>
<u>⊠⊠-现⊠⊠</u>

☒函竡

☒磜磜
☒搵浨扚炴娗
☒☒☒労
☒☒飬娼☒扚畽媆
磜☒焅鬉飬☒拕
☒搵浨扚浵朕兿
労☒☒☒扚畽媆
☒☒凄☒☒☒勭

☒咪璌
☒囨仁扚凾潡
畡☒埧浮
☒☒飬溷扚凾☒
☒☒☒☒扚墪壶
☒磜畽発婄☒潾
☒☒☒勭扚☒☒

☒☒☒労扚☒☒麲
☒搵浨扚畽媆☒勭
揁☒扚☒☒匜寮朿嫎
☒☒扚懺☒亮捻咪璌

鐓☒鐢

☒☒☒☒☒朏朏
彌☒婍崮扚☒撫
☒潺飬☒☒扚弟☒
嶪櫒飬磓☒扚☒☒
☒☒☒顠炘摈飬炫囚
枊朠飬憛峅☒☒

凄☒☒顠
炘摈扚☒☒顠
☒☒扚嵰☒
☒☒飬嫎頟扚懷☒
☒☒俥頣顡埠堷扚☒噋
汱潺凄☒厄扚☒啊顠
☒頟扚☒☒
炘摈扚炫囚
瓆☒拗憛☒扚侚☒
凄哾☒晎☒顠
頣頟扒保鐢憛

禞顮☒冒☒朿枙
塡浮冒☒朿甋
汱栫冒☒朿☒
☒☒☒汱潺顠扚艇☒
☒☒-现☒☒

皺⊠礬

⊠啊扚儀俞麵
拃墶凄汰潺
崦寮扚鵬域⊠⊠拃墶
⊠墑扚⊠憛⊠塍
俘惧⊠⊠
皺扚姼鬢凄慷骶
⊠⊠⊠偲扚坠坳
⊠浨凾扚畡⊠⊠
拃墶凄畡⊠麵⊠屎
⊠頢皺扚⊠メ
凄礬疼麵頣濰皺梼
皺⊠扚斐抏頦
拃墶⊠嚁扚傸⊠麵
⊠⊠齙排扚⊠⊠
俘亡皺⊠榎豈⊠扚⊠⊠
⊠丟頦扚梕岭
黯皺⊠頣嬟扚⊠在
觗媯皺盀凄礬⊠汰潺
⊠頢礬扚⊠メ
俘惧⊠⊠
鄃颲皺⊠⊠柬嫎
礬⊠槼婄皺⊠朮朮
皺扚厯垷麵
礬扚⊠⊠麵
皺盀骶溱

盇盅⊠盃

⊠凄⊠丟頮僟俞

禞顮⊠冒⊠柬枙

埴浮冒⊠柬甀

汰栜冒⊠柬⊠

⊠⊠⊠汰潺顛扚骶⊠

⊠⊠-现⊠⊠

斐☒

唱☒拘斐☒
唱☒拘瑵鐪
☒☒斐炝凄崮☒
崮☒頣☒☒
佾噋哾☒烚
崮弖頣峒炫☒
☒憛頣敓娧撴
媯溷☒顥斐☒☒垐
鱴滵崮☒哾☒

頣☒斐炝頣纃颟☒
頣纃颟☒崮☒
傹頣纃颟☒☒憛
凄崮☒麬☒颾☒☒
凄崮☒麬彩俘憛☒
潒☒颟☒拘澶摈
唠☒斐☒拘☒☒
顥斐炝頣潾
凄斐☒贇崮☒
崮☒凄
唱☒拘丟☒哾☒麬

斐☒魑岻

斐炝凄呭咎顭慎☒
嵻炨娼☒扚斐☒黔☒
溷凄呭咎顭汰潺
遂☒丟噋扚澶摈
☒澟凄斐炝魑☒
☒☒斐☒扚☒徉

斐炝慎☒扚☒徉魑丟
琪☒揁飻☒☒扚梤岭
☒頣巅☒☒扚磜婂顭
☒☒拗斐炝扚☒兇栴
娼☒扚斐☒黔☒嵻炨
斐☒扚慎☒嫛椊☒徉
峙齵斐炝魑☒扚磜婂
☒炨磜☒扚☒俣剹☒
☒兇飻娼☒斐炝
希弖飻慎☒魑丟
呭咎扚斐☒賛娯娯☒☒
☒☒頣☒☒斐☒扚沽杏
☒炨扚嵻嚻拗磜婂魑汩
斐☒扚沽杏顭
☒睡妼沽拗
溷☒☒
☒凄呭咎顭汰潺
☒☒斐☒扚慎☒

俨嫣⊠⊠

斐炝希彐凄礤婂颧

⊠炨拗礤⊠扚⊠嶢

渃溱拗⊠⊠

斐⊠颰岻

凄劒⊠颧⊠⊠

禞頟⊠冒⊠朿桅

埧浮冒⊠朿甀

汏栭冒⊠朿⊠

⊠⊠⊠汏潺颧扚艇⊠

⊠⊠-现⊠⊠

鏁帕瞡扚骽溱

嵻嵏佾噋扚⊠嵻
嗃巘凄哾⊠扚顊洴
匔⊠饕頟⊠扚睺
娼⊠扚⊠墒凄嵒幖蕡
刭⊠饕榈嘀扚偀⊠
黀嵒冼颬⊠
颬⊠啊⊠损伌⊠

⊠⊠啊傕
媯饕损⊠扚琪⊠
驣睡饏凄栈⊠侘侘
頶⊠彌引汖⊠
囚锫笁噜笁橃
縜佾噋⊠縜佾噋
哾⊠扚⊠呬嫎顣婄
嗃巘扚⊠嵻
嵻嵏饕娧憛扚帠⊠
买⊠饕锫⊠扚损⊠
�

⊠⊠⊠啊扚⊠垢
⊠⊠娧憛扚⊠嵻
椆憦扚偀⊠倐
⊠⊠扚睺

回眸篇

☒搹舗

☒搹☒
☒☒涾
頣顮☒啊云婄丢
顭颬☒☒颬☒椱
餺巘┿餺巘
槶☒☒☒柌☒朥
☒熭现汶顭浨☒
☒垠┿☒垠
☒☒☒杻☒☒烚
頣顮☒枛顭☒☒

禞☒搹褫頣峒乾枙扚怌☒姼鬢褫涾溱拗垟舗顙憛岶
揁☒┿☒

禞顮☒冒☒柬枙
埧浮冒☒柬甀
汰栜冒☒柬☒
☒☒☒汰潺麲扚艇☒
☒☒-现☒☒

☒惓颷湰

嬀勺☒馨喻☒

嬀勺☒馨併囚

☒惓扚畽爑

☒☒淨☒☒倛颲哣

☒鬃拕顭扚畽爑

娼嵌☒曝☒惓颷湰岻

☒惓颷湰頙☒癢☒咽

涾溱拗憛☒☒☒

☒惓颷湰頙汩☒☒☒

嵰嚣拗☒汩娼☒

嶒服扖☒扚峻皿

☒☒峻☒咽☒

☒☒☒☒扚娼☒

☒☒☒汩☒☒

鬣☒☒

☒嬀沭☒☒☒☒

☒嬀沭咽☒☒兇

肆棂畽汩☒顭潺亡

☒☒☒頙☒惓颷湰

鏾☒扚☒杒顭據☒

☒☒☒淨颷☒颲哣

頣頟☒惓畽爑

☒拗☒惓颷湰岻柬嫎

☒惓颷湰岻

揁☒鬣扚噏☒

飀揁⊠鬣扚併囜

禞顮⊠冐⊠朿梔

埧浮冐⊠朿甋

汰栐冐⊠朿⊠

⊠⊠⊠汰潹顭扚艇⊠

⊠⊠-现⊠⊠

ト⊠⊠⊠

頣乾⊠摑ト
墲⊠顧瑱飤
擷⊠⊠摑鏄⊠藾
⊠塭墲⊠俺颩惓
⊠惓骳丿 瑱
頣萠墲⊠飤
佾⊠頣⊠椆⊠⊠
鼺愙⊠嶒啞ト⊠

⊠⊠鰗擧现刯
瑱乂籲賛
⊠⊠侄勴夠鬢
彫乾澿⊠伋顟炫
⊠⊠疇⊠
涾溱垟屼顟⊠⊠
琬⊠呲扚鏄顟⊠
羪引⊠彐
嶂彌賛⊠⊠骴溱

禞娼⊠⊠⊠⊠鬃⊠鷔禙佾⊠頣⊠ト⊠⊠頣顡娼嵌澆
⊠扚骴⊠⊠⊠

琬 婼

憛哽☒惓咣
☒娼☒惓飂☒
☒佾礊墩顩☒☒
☒鬃敤☒飂瀝
娼☒壏保☒惓飂伤
沭☒惓飂澾☒☒
亟媯揁☒飀娼☒
梮☒☒惓☒淨飂肣
☒☒咣哀礊
☒峻☒咽☒飂伤
鐮鱴涬飅砉飂鄂
琬婼娼☒
墩飂亱☒頮飤
顩☒垟
鬃縠偢偦
驣琬婼☒☒頣顮
飀☒頣揊冬☒

禞顮☒冒☒柬梔
堬浮冒☒柬甈
汏梯冒☒柬☒
☒☒☒汏潺顭扚骴☒
☒☒-现☒☒

亱 ⊠

睡⊠⊠淨飂⊠
饕潾咽⊠飂頝
嶃⊠飂⊠頣怚榈榷
淨幼蕟⊠⊠啊扜垲
⊠憛墶⊠
淨樠墶伤
頣顮⊠啊驥⊠⊠
蕱熋⊠鰊睡饕麲
壣奷⊠淨浪亱
壷强咽⊠飂伤
瑱舵勠浩扚⊠潤
綦⊠崮⊠扚乂⊠
睡姨⊠梔扚垘⊠
⊠窸⊠摩扚⊠圹
澌飂⊠啊睡溹⊠畆
澌飂⊠⊠棂睡汩⊠
⊠淨飂⊠
亱⊠朿⊠
⊠⊠柨汰潺
睡饕⊠失婄

禞亱⊠褫䧢⊠凄⊠⊠扚现⊠麲嬀⊠嬀⊠笁⊠柨懐⊠褫⊠⊠搦⊠飉矍褫頣伍⊠頼飉尜┣⊠⊠呢飂瀝凄⊠⊠⊠惓⊠嵻扚婄騠餺扚頣⊠⊠鵥褫⊠囨頝⊠參骳⊠┣⊠

乃*☒*嶉

孟抐嬀嫒☒
墡孟☒溼☒
乃汰☒娫契娫☒
☒☒现☒唑瑱鄂
嶉☒乞藾☒嫒☒

頣壺咏☒咽
頣☒婓☒☒
艶塭捻乞☒
頣☒☒☒

樫柨惓鰔☒柨皦
皦柨佾扨艶
汩嫧磓冼偢☒熮
畽倘嫫癢啊☒☒
☒☒现☒垟媥偈

惓鰔髍乃磚塭☒
☒塭☒☒☒☒璅
炰皦柨磓☒澾
☒樫柨磚☒唇
☒痔羻煶颬嫕☒丟嚧
乞藾頣嶉☒☒潤乃☒

頣嶉惓鰔☒

⊠傂⊠⊠⊠

顅乞梽顡顅癢澾

禞顮⊠冒⊠朿栕

塡浮冒⊠朿甀

汰楴冒⊠朿⊠

⊠⊠⊠汰潺顴扚艇⊠

⊠⊠-现⊠⊠

哖瓓擠媥

凄☒侉頙攠☒匜☒
瑕拗廮曛扚☒☒
凄☒侉頙潾潾亂亂
☒☒骶嫎扚☒☒
☒瓓扚☒☒
☒拗☒☒
☒瑱扚骶溱
凄☒侉頙☒潾
凄廮曛顂☒☒
壗潾☒☒
☒瑱扚嚮☒
☒侉扚廮曛顂
☒☒☒☒颵☒
☒☒哖瓓扚☒☒颵☒
嚴哖亡☒亻 颵竨
顙廮曛傝☒
凄☒☒凣機扚瓓☒☒顂
獿獿廅☒
頣媥哖瓓傝
嚮☒竨凄塋
☒侉頙扚☒瑱
惓柨鼉嫎

禞頣騠☒☒☒☒☒拃禠☒隧☒☒☒☒扚汰柨禠☒侉頙扚骶☒十☒

哖瓛擠媥餇

☒☒☒瑱澾
畽☒幼☒椖
☒☒☒☒☒☒瑕
攕☒肣☒☒☒畽
☒嚆击檓嫰咨☒彌潾
獞☒☒☒侑賛塍☒☒

☒飖丟嚧☒
�船☒侊佡俺☒倂
侄咽飀嗤☒☒瑱
丛☒☒☒现
駄僤嫎顮☒☒怌
☒☒嶒泍☒鬣琁

炴娫瓃☒☒☒撫
☒☒☒垲咴攧咄
竝引☒顗夗☒☒☒冬
☒瑱墼顗竨☒擯☒☒
俶☒撫顗檓
頣竨哖☒瓃
☒瑱瀛☒☒☒☒
☒☒畽☒☒☒媆

崮睺颷栀禞⊠久⊠栀媥颷頣⊠

⊠咽⊠勭

朸⊠⊠⊠

⊠⊠昕⊠鉏⊠侤

會塣炂⊠⊠⊠鱝

暅傓锫⊠栌妞⊠

侤梼⊠厔⊠⊠鄂

⊠咣⊠嗷⊠

瑙锫虈炘⊠

⊠⊠

⊠摑

⊠笀⊠娭

⊠⊠⊠⊠

栀楗颷⊠

垲睺圏⊠朿崮

駄⊠

瑙锫魖礬

⊠鄂⊠厔

⊠鱝⊠⊠

崮睺朿⊠睺⊠

⊠⊠

魖礬瑙锫們⊠⊠

⊠咣⊠嗷⊠⊠⊠

⊠咽朸⊠偈魖礬

囜⊠鬆憛俨飏侤

橃瑰颰岻禞☒久☒枙媥颰鍧☒

☒侉畽倘

瑰皭☒☒

☒☒骮嫎☒☒☒

☒☒攕☒☒婨畽

☒☒☒敲失☒沿

颰嫕哦把痔撫坱

☒侉丛☒☒

☒☒颬溷枙

☒☒

☒☒

婘倈亡☒

頣媥☒揁

垟☒颰枙

瑰搎皭圏墶橃

駄☒

☒侉☒☒

攕☒匜☒

☒☒☒鶇

☒搎☒☒沿☒

☒☒

☒咀騳嬀鏄☒栴

☒丛汨☒☒瑱☒

岬塭颬☒☒☒☒

佾贄匜汰圏☒沿

禞婘倈亡⊠媯塡褫⊠搙⊠⊠丛汨⊠⊠瑱⊠扚垟勠褫⊠鱶⊠岬塭⊠⊠扚⊠⊠╋搙⊠⊠丛圬褫魻謦垟褫纇媯飬⊠⊠丛汨⊠⊠瑱⊠褫岬塭颳⊠⊠⊠⊠扚檖瑰飂岻╋⊠

禞頽⊠冒⊠柬栀

塡浮冒⊠柬甈

汰栋冒⊠柬⊠

⊠⊠⊠汰潺顮扚艇⊠

⊠⊠-现⊠⊠

斑☒飚炘禞☒久☒栀媥飚貆☒

枫☒☒☒

畽饏☒頦

飢額☒☒媯�

禞須☒滍☒珽☒飇滾褫烆鵶俺澾☒瑱褫碁☒乾乾褫
墶礷揁搼☒☒褫哽☒☒乾乾朿☒倐┣☒☒瑱☒炫栀
鑿乂╂揁怌☒咽怌栀鑿嫎☒☒☒徙褫☒滍☒頣纇咆
栀扚碁☒礷夕厘┠☒

禞顙☒冒☒朿栀
塡浮冒☒朿甀
汰栺冒☒朿☒
☒☒☒汰潺顥扚艇☒
☒☒-现☒☒

枦笁飀搦禞⊠久⊠枙媥飀⊠⊠

⊠榜侊⊠

抒頟现咄

扒笁餺楷⊠惓咣

貆佾魑颬囗厅⊠

畽⊠藴摒垙袄⊠

頣⊠⊠笁侮嶒⊠

畽笁⊠⊠⊠

攧琅⊠頳鬢

⊠⊠

⊠偵

枙礬栶惦

笁藪怩黯

咲滬厅楗

扒笁枦朿⊠枙

⊠兕

滬匳⊠呢

⊠泝⊠⊠

⊠榜畽甀

枦笁兕袄搼⊠

⊠⊠

笁噜咲滬⊠珺⊠

滬匳⊠囗⊠扒笁

⊠⊠搼⊠畽⊠藪

⊠⊠癝藪⊠倈艇

禞枦笁飂搿俭⊠溱⊠扚宨炅匔⊠褫鬓保椆瀛⊠⊠扚
憆畏⊠琳娼嵌鰤⊠褫⊠⊠⊠⊠梔媥顬膶俭来⊠扚瞶
媥褫俨⊠溱咆梔媯来條⊠⊠䫜⊠⊠梉媆⊠勺褫攡⊠
浾⊠瞶頦⊠

1,瞶⊠⊠笁侮嶒⊠⊠俤⊠鴎惧朿嫎扚┼

2,⊠咒噋⊠乔笲澏匳┼

3,澏匳⊠呢:⊠呢凄⊠婄呲顬颬⊠扚域⊠┼

4,⊠泝⊠⊠,⊠槝畽甀:傎惏⊠颬⊠矵惉褮(⊠泝⊠⊠媥),⊠矵惉メ⊠颾┼榜⊠⊠侄,夠餇礬颬择⊠┼

5,枦笁咒:傎惏⊠媩涒困澏匳⊠咒┼

6,澏匳⊠口⊠扖笁:⊠⊠澏匳⊠焺┼

7,畽⊠顬:颬咄⊠飂飤┼

8 ⊠⊠瘬顬⊠倈艇:咄⊠飂飤⊠⊠倈艇颬憥,傎惏⊠烋椊⊠⊠宂凄骬炽顬潤岶⊠矵惉┼⊠

禞顮⊠冒⊠朿梔

埧浮冒⊠朿甀

汏栭冒⊠朿⊠

⊠⊠⊠汏潺顬扚骴⊠

⊠⊠-现⊠⊠

☒畽颷☒

抐☒噜☒頣頟☒,
弥碓脡溱鍽佾噋┼
☒☒魓☒☒搢嗸,
侄勮☒☒☒☒惓┼
☒☒
☒笁朸☒栢飊剐,
樤☒颬咕☒匰☒┼
☒汩墋凌☒瑱☒,
☒☒☒乞幞汩☒┼
☒☒
☒☒椖労☒☒擻,
☒剐扖☒頣謦涒┼
癐咕☒擳☒☒☒,
☒饕熮☒☒偈咽┼
☒☒
☒家媯焜☒騄椖,
☒期呢嚧佾☒☒┼
☒咣☒☒咲潪珺,
哦咣☒翐媯☒☒┼

禞頟☒冒☒柬梔
塡浮冒☒柬甀
汰栯冒☒柬☒
☒☒☒汰潺麬扚脡☒
☒☒-现☒☒

⊠⊠摑

⊠⊠籲虋犅琅⊠,
頣把⊠引⊠丢妞┼
槵藪嘯⊠⊠⊠鄂,
壽⊠⊠摑頣飥飬┼

塱⊠娐沿⊠⊠婩,
⊠哓憛帕⊠⊠飬┼
⊠乞⊠凌强乃⊠,
⊠⊠⊠摑倘傚浵┼

禞顮⊠冒⊠柬栀
埧浮冒⊠柬甀
汰栜冒⊠柬⊠
⊠⊠⊠汰潺顭扚艇⊠
⊠⊠-现⊠⊠

⊠⊠*佾噋

佾噋鰤汰⊠颬讋,
⊠呢⊠⊠⊠⊠⊠┢
⊠⊠颬⊠⊠⊠⊠,
騙讋俨⊠伋国抟┢
鄽徙⊠哔⊠⊠瀛,
⊠⊠⊠⊠⊠髍懷┢

璾⊠⊠(⊠保⊠⊠)

⊠溴貆⊠⊠,
擠⊠餺瑱澾┢
⊠⊠琬姡⊠,
⊠⊠⊠⊠⊠┢
禞冒⊠哓朿溭褫夠在⊠飬傾⊠╊⊠

禞頟⊠冒⊠朿枙
埧浮冒⊠朿甀
汏栐冒⊠朿⊠
⊠⊠⊠汏潺顭抣艇⊠
⊠⊠-现⊠⊠

www.ingramcontent.com/pod-product-compliance
Lightning Source LLC
Chambersburg PA
CBHW070959120626
46546CB00004B/1695
9781957144801